UTB **3328**

Eine Arbeitsgemeinschaft der Verlage

Böhlau Verlag · Köln · Weimar · Wien
Verlag Barbara Budrich · Opladen · Farmington Hills
facultas.wuv · Wien
Wilhelm Fink · München
A. Francke Verlag · Tübingen und Basel
Haupt Verlag · Bern · Stuttgart · Wien
Julius Klinkhardt Verlagsbuchhandlung · Bad Heilbrunn
Lucius & Lucius Verlagsgesellschaft · Stuttgart
Mohr Siebeck · Tübingen
Orell Füssli Verlag · Zürich
Ernst Reinhardt Verlag · München · Basel
Ferdinand Schöningh · Paderborn · München · Wien · Zürich
Eugen Ulmer Verlag · Stuttgart
UVK Verlagsgesellschaft · Konstanz
Vandenhoeck & Ruprecht · Göttingen
vdf Hochschulverlag AG an der ETH Zürich

Grundwissen Theologie

Herausgegeben von Klaus von Stosch

Klaus von Stosch

Offenbarung

Ferdinand Schöningh

Der Autor:
Klaus von Stosch, Dr. theol. habil., geb. 1971, Universitätsprofessor für Katholische Theologie (Systematische Theologie) und ihre Didaktik am Institut für Katholische Theologie der Kulturwissenschaftlichen Fakultät der Universität Paderborn, zahlreiche Veröffentlichungen zu Themen der Glaubensverantwortung, Religionsphilosophie, Gottes Handeln in der Welt, Theodizeeproblem und Theologie der Religionen. Bei UTB bisher erschienen: Einführung in die Systematische Theologie.

Bibliografische Information der Deutschen Nationalbibliothek

Die Deutsche Nationalbibliothek verzeichnet diese Publikation in der Deutschen Nationalbibliografie; detaillierte bibliografische Daten sind im Internet über http://dnb.d-nb.de abrufbar.

(Verlag Ferdinand Schöningh GmbH & Co. KG, Jühenplatz 1, D-33098 Paderborn)
ISBN 978-3-506-76888-9

Internet: www.schoeningh.de

Printed in Germany.
Herstellung: Ferdinand Schöningh, Paderborn
Einbandgestaltung: Atelier Reichert, Stuttgart

UTB-Bestellnummer: 978-3-8252-3328-0

Inhaltsverzeichnis

Einführung

Seit der zentrale Inhalt des christlichen Glaubens aufgrund der Auseinandersetzung mit der europäischen Aufklärung als Selbstoffenbarung Gottes verstanden wird, also seit ca. 200 Jahren, versteht sich die Systematische Theologie beider christlicher Konfessionen insgesamt als Offenbarungstheologie. Verstand man in der Tradition eine Vielzahl von Phänomenen als „Offenbarungen" – wie z.B. Erscheinungen Gottes, Losentscheide als Gottesurteile, Prophezeiungen, usw. – wird Offenbarung seit Beginn des 19. Jahrhunderts in erster Linie in einem dialogisch-kommunikativen Sinn als Selbstmitteilung Gottes verstanden. Offenbarung ist aufgrund dieser Neuinterpretation in der gegenwärtigen Theologie eine Schlüsselkategorie geworden, die für Legitimation und Glaubensverantwortung unverzichtbar ist und systembildende Funktion hat.

Diese Wertschätzung für den Offenbarungsbegriff basiert auf der Einsicht, dass jede Rede von Gott in christlicher Perspektive in seinem Offenbarungshandeln gründet. Christliche Theologie ist in ihrem Selbstverständnis Offenbarungstheologie, d.h. sie gründet in Offenbarung. Nur weil Gott sich in der Geschichte geoffenbart hat, können wir von ihm sprechen und Zeugnis von dem ablegen, der größer ist, als gedacht werden kann. Nur weil Gott sich selbst den Menschen mitgeteilt hat, können wir die Liebe bezeugen, über die hinaus eine Größere nicht gedacht werden kann.

Offenbarung ist also eines der zentralen Themen der Systematischen Theologie und eine Schlüsselkategorie der Theologie des 20. Jahrhunderts, die wegweisend auch für die Diskussion im 21. Jahrhundert ist. Dabei ist die Verhältnisbestimmung von Offenbarung und Vernunft nach wie vor eine Kernaufgabe von Theologie als Wissenschaft. Eine Auseinandersetzung mit Status, Denkbarkeit und Gegebenheitsweise von Offenbarung ist deshalb in jeder Form des Theologiestudiums unerlässlich. Offenbarung ist ein Querschnittsthema, das erst angemessen verstanden wird, wenn es im Zusammenhang mit zentralen Inhalten der christlichen Glaubenslehre wie der Trinitätstheologie und der Christologie entfaltet wird.

Eine knappe Einführung in die christliche Offenbarungstheologie ist aber nicht nur wegen dieser vielen Querbezüge schwierig, sondern auch wegen der breiten Spannweite offenbarungstheologischer Konzeptionen in der modernen Theologie. Liberale und postliberale, orthodoxe und pluralistische, transzendentale und metaphysische, dialogisch-kommunikative und instruktionstheoretische Modelle liegen jeweils so weit auseinander, dass es einiger Mühen Bedarf, um auf diesem umstrittenen Terrain Stand und Übersicht zu gewinnen. Da das vorliegende Lehrbuch auf sehr engem Raum beides vermitteln will, gehe ich so vor, dass ich einen eigenen, hoffentlich gut nachvollziehbaren Entwurf skizziere und diesen in die gegenwärtige Debatte einordne. Würde ich den Versuch unternehmen, alle unterschiedlichen Modelle der Offenbarungstheologie vorzustellen, oder würde ich meinen Entwurf ausführlich begründen, müsste das Büchlein einen ganz anderen Umfang haben. Da beides im Blick auf ein kurz gehaltenes Lehrbuch nicht sinnvoll ist, unternehme ich das Wagnis, in gedrängter Form einen Gedankengang zum Offenbarungsthema zu entwickeln, der sich einen gangbaren Weg durch das Gestrüpp und um die Fallen der Offenbarungstheologie bahnt.

Ich gehe dabei so vor, dass ich zunächst einmal die beiden Herausforderungen skizziere, denen sich jede Offenbarungstheologie zu stellen hat. Ein Denken der Offenbarung, das sich nicht in positiver Anknüpfung an die Herausforderung und die emanzipatorischen Potenziale der Aufklärung vollzieht, diskreditiert sich angesichts des dort erreichten Problemniveaus selbst und kann in der heutigen Wissenschaftslandschaft keinen Bestand haben (Kapitel 1). Darüber hinaus hat Offenbarungstheologie sich den Einwänden und Anfragen der neuzeitlichen und modernen Religionskritik zu stellen und die eigenen Ansprüche im Blick auf solche Anfragen zu formulieren, wie sie beispielhaft die „Meister des Argwohns“ Feuerbach, Marx, Nietzsche und Freud vorgebracht haben (Kapitel 2). Nach diesen einleitenden kritischen Besinnungen geht es im dritten Kapitel darum, Offenbarungen in ihrem Erfahrungsbezug zu verdeutlichen, indem sie als „Erschließungserfahrungen“ gedeutet werden. Ausgehend von dieser im Anschluss an Ian T. Ramsey vorgenommenen Bestimmung folge ich dem Hauptstrom der modernen christlichen Offenbarungstheologie und versuche Offenbarung im Rahmen eines dialogisch-kommunikativen Modells als Selbstmitteilung Gottes verständlich zu machen. Diese Überlegung wird trinitätstheologisch und christologisch fundiert (Kapitel 4) und mit den wichtigsten Modellen der Offenbarungstheologie im 20. Jahrhundert ins Gespräch gebracht. Dabei wird der gegenwärtig vor allem im englischsprachigen Bereich ausgetragene Streit zwischen liberalen und postliberalen Ansätzen analysiert und einer möglichen Lösung zugeführt. Anschließend versuche ich das auf diese Weise entwickelte und theologiegeschichtlich eingeordnete Konzept transzendentalphilosophisch zu profilieren und auf diese Weise einer nachvollziehbaren Begründung zuzuführen (Kapitel 6).

Nachdem auf diese Weise ein möglichst kompaktes und verständliches Bild der christlichen Offenbarungstheologie gezeichnet wurde, geht es in den abschließenden Kapiteln darum, das so profilierte Bild ins Gespräch mit Judentum und Islam zu bringen. Dazu bedarf es zunächst einiger grundsätzlicher, religionstheologischer Vorüberlegungen (Kapitel 7), um dann unterschiedlich perspektivierte Offenbarungstheologien in Judentum (Kapitel 8) und Islam (Kapitel 9) miteinander und mit christlichen Konzepten ins Gespräch zu bringen. Das interreligiöse Gespräch dient dabei in erster Linie nicht der Abgrenzung, sondern der tieferen Durchdringung offenbarungstheologischer Konzepte. Um diese Zielsetzung begründen und einordnen zu können, werden einige Grundideen Komparativer Theologie eingeführt.

Der hier vorliegende Band will also eine eigene These zum Offenbarungsthema vorlegen und diese in einem eigenen Durchgang durch ausgewählte Themen der Offenbarungstheologie profilieren. Er ist bewusst essayistisch angelegt und verzichtet auf eine theologiegeschichtlich umfassende Aufarbeitung des Stoffs. Auf diese Weise will das Büchlein zum eigenen Nachdenken anregen und einen verstehenden Durchgang durch das Thema ermöglichen, um sich zentrale Inhalte der Offenbarungstheologie verstehend aneignen zu können. Wenn das Buch also Studierenden dabei hilft, Übersicht über die weit verzweigte Debatte der Offenbarung zu gewinnen und sie anregt, sich einen eigenen Denkweg durch diese Debatten zu suchen, so ist sein Zweck erfüllt.

Theologische Fachbegriffe werden in dem Büchlein in der Regel beim ersten Aufkommen erklärt und sind im Sachregister vermerkt, so dass man diese Kurzerklärungen jeweils schnell auffinden kann. Danken möchte ich Elisabeth Müller, die die Arbeit aus Studierendenperspektive einer kritischen Durchsicht unterworfen und sich um die Erstellung der Register verdient gemacht hat. Herrn Michel Bollag danke ich für wertvolle Anregungen für das Kapitel zur jüdischen Theologie. Herrn Dr. Sawicki danke ich wieder einmal für die problemlose und gute Zusammenarbeit bei der Drucklegung. Widmen möchte ich dieses Büchlein meinen geliebten Töchtern Milena und Esther.

Literatur

Bongardt, Michael, Einführung in die Theologie der Offenbarung, Darmstadt 2005
(gelungenes, ökumenisch orientiertes Lehrbuch).

Eicher, Peter, Offenbarung. Prinzip neuzeitlicher Theologie, München 1977
(immer noch lesenswerte, ausführliche Einführung in die wichtigsten Offenbarungskonzeptionen neuzeitlicher Theologie).

Hoff, Gregor Maria, Offenbarungen Gottes? Eine theologische Problemgeschichte, Regensburg 2007
(eigenständiger problemorientierter Überblick).

1. Herausforderung Aufklärung

oder die Offenbarung unter dem Urteil der Vernunft

Die Aufklärung fordert eine jede Theologie dazu heraus, alles in der Offenbarung Behauptete auf den Prüfstand der Kritik zu stellen und zu hinterfragen (gegen jeden Dogmatismus). Ziel ist dabei nicht der Zweifel um des Zweifels willen (gegen jeden Skeptizismus), sondern die Selbstprüfung der Vernunft mit den Mitteln der Vernunft. Denn nur in der Untersuchung der Bedingungen der Möglichkeit der Erkenntnis ist nach der Aufklärung noch eine rational reflektierte Rede von Gott möglich.

Die Neuzeit lässt sich als Epoche verstehen, in der alle bisherigen Autoritäten und Gewissheiten fraglich wurden. Die Autorität der Kirchen wurde durch ihre internen Streitigkeiten und die dadurch ausgelösten Konfessionskriege, aber auch durch ihre Frontstellung gegen den wissenschaftlichen und gesellschaftlichen Fortschritt in Frage gestellt. Die Autorität des Staates wurde durch die Hinterfragung und unterschiedliche Versuche der Begründung staatlicher Herrschaftsformen fraglich. Der Fortschritt in den Naturwissenschaften erschütterte das alt hergebrachte, biblisch fundierte Weltbild. Und die Möglichkeit alternativer Sichtweisen auf die Wirklichkeit trat nicht zuletzt durch eine stärkere Aufmerksamkeit für andere Religionen immer stärker ins Bewusstsein. Kurz gesagt: Alle bisherigen Werte und Fundamente gerieten ins Wanken, und es erschien als dringend geboten, ein neues, unerschütterliches Fundament für die menschliche Orientierung in der Welt zu finden.

Da alle althergebrachten Autoritäten fraglich geworden waren, schien nur die kritische Selbstprüfung der Vernunft mit Hilfe der Vernunft dazu geeignet, ein verlässliches Fundament zu liefern. Die Aufklärung ist die Bewegung, die eben diese kritische Selbstprüfung fordert. Sie sieht in der Vernunft die einzige Instanz, die uns zur Verfügung steht, um uns selbstbestimmt in dieser Welt zu orientieren. Angesichts der oben geschilderten Erschütterungen setzt sie nicht mehr auf fremde Autoritäten, sondern auf den Menschen selbst und auf seine Vernunft. Ihr allein traut und mutet sie es zu, Orientierung zu geben. „Sapere aude! – Wage es, zu denken! – und Dich Deines eigenen Verstandes ohne Bevormundung und Beaufsichtigung Anderer zu bedienen“, lautet dementsprechend der Wahlspruch der Aufklärung.

Die Vernunft wird so ganz selbstverständlich zur kriterialen Instanz der Prüfung von Offenbarungsansprüchen. Kein überkommender Anspruch kann mehr ohne Rückfrage hingenommen werden. Alles gehört vor den Richterstuhl der Vernunft. Hatten Theologen von Tertullian (150-230) bis zu Martin Luther (1483-1546) noch davor gewarnt, den Glauben dem Richterstuhl der Vernunft zu unterwerfen und Gewissheit in der Hingabe an Gott gesucht, so ist es in der Aufklärung selbstverständlich, Gewissheiten erst nach kritischer Prüfung durch die Vernunft als verbindlich zu akzeptieren.

In diesem Zusammenhang kann man zwei Strömungen unterteilen, die beide für die Aufklärung prägend wurden und die den religiösen Glauben und seine Ansprüche auf Offenbarung vor unterschiedliche Herausforderungen stellten: den Rationalismus und den Empirismus. Der Rationalismus sucht letzte Sicherheit im Rekurs auf erfahrungsunabhängige Vernunftprinzipien, der Empirismus möchte alle Ansprüche auf Gewissheit aus wissenschaftlich prüfbarer Erfahrung legitimieren. Beide Strömungen möchte ich im Folgenden kurz skizzieren und verdeutlichen, welche Herausforderung sie für das christliche Offenbarungsdenken beinhalten.

1.1 Rationalismus

Als maßgebliche Gestalt und Begründer des Rationalismus kann man René Descartes (1596-1650) ansehen. In seinen berühmten *Meditationen über die erste Philosophie* sucht er nach einem unerschütterlichen Fundament, das allen Zweifeln standzuhalten vermag und das angesichts der oben geschilderten Herausforderungen Sicherheit zu geben vermag. Um dieses Fundament zu finden, verwendet er einen methodischen Zweifel, der alles hinterfragt, das man überhaupt vernünftigerweise hinterfragen kann – ganz unabhängig davon, ob man tatsächlich Zweifel hat. Auf diese Weise macht er deutlich, dass Sinneswahrnehmungen keine letzte Gewissheit zu geben vermögen, weil wir oft erleben, dass uns unsere Sinne täuschen. Selbst bei noch so offensichtlichen Wahrnehmungen und abstrakten Erkenntnissen könnten wir uns ihm zufolge täuschen, falls wir etwa Opfer eines betrügerischen Gottes sind. Ein zeitgenössischer Philosoph verdeutlicht diese Art des Zweifels bei Descartes, indem er zu bedenken gibt, dass ich Opfer eines verrückten Wissenschaftlers sein könnte, der mir all meine Wahrnehmungen nur suggeriert. In Wirklichkeit könnte ich ein Gehirn im Tank sein, und alle Wahrnehmung und Erkenntnis ist Ergebnis von Manipulationen durch den verrückten Wissenschaftler, der mich beherrscht und mein Gehirn in eine Nährstofflösung getan hat. Während ich also gerade meine, ein Buch über Offenbarung zu schreiben, und während Sie meinen, es zu lesen, könnte es in Wahrheit so sein, dass wir beide nur Gehirne im Tank sind, denen das Schreiben bzw. Lesen des Buches per Manipulation vorgegaukelt wird.

Wenn man sich derart radikale Zweifelsgründe vor Augen führt, scheint alles bezweifelbar zu sein und die Suche nach einem unerschütterlichen Fundament von Wissenschaft und Wirklichkeitserkenntnis scheint aussichtslos zu sein. Doch Descartes meint eine Instanz ausweisen zu können, deren Existenz sich selbst durch den soeben geschilderten methodisch radikalisierten Zweifel nicht bezweifeln lässt. Er stellt hierzu folgende berühmte Überlegung an: Selbst wenn ich alles bezweifle, kann ich nicht sinnvollerweise bezweifeln, dass ich zweifle. Zumindest bestätigt mein Zweifel am Zweifeln das Zweifeln. Wenn ich also zweifle, dass ich zweifle, zweifle ich und bestätige damit gerade, dass ich zweifle. Wenn man sich klar macht, dass das Zweifeln eine Form des Denkens ist, kann man mit Descartes festhalten, dass ich sicher sein kann, dass ich (als Zweifelnder bzw. Denkender) bin, sofern ich denke/zweifle. „Cogito ergo sum“ – „Ich denke/ zweifle, also bin ich“, lautet entsprechend sein Grundsatz, aus dem er alle Grundlagen von Wissenschaft und Wirklichkeitserkenntnis ableitet. Interessanterweise gelingt ihm das nur, wenn er bereits im denkenden Ich die eingeborene Idee Gottes ausweist und daraus seine Existenz ableitet. Denn nur wenn es bereits in diesem unerschütterlichen Fundament des denkenden Ichs die Gewissheit gibt, dass ein guter und allmächtiger Gott existiert, kann die Hypothese des betrügerischen Lügnergottes bzw. des verrückten Wissenschaftlers ausgeschlossen werden, die jede Wirklichkeitserkenntnis in Frage stellt. Der wissenschaftlich legitimierte Glaube an Gott wird so zur Brücke der Vernunft in die Welt hinein.

Für unseren Zusammenhang ist es nicht erforderlich, in eine Diskussion von Descartes' hier angedeuteten Gottesbeweisen einzusteigen. Es genügt festzuhalten, dass Descartes aus dem denkenden Ich und seinen Ideen und Grundsätzen das entscheidende Fundament für alle Wirklichkeitserkenntnis ableiten will. Selbstverständlich ist es dann auch das denkende Ich, das alles in Frage stellende Subjekt, das Offenbarungsansprüche der unterschiedlichen Religionen prüft.

Es ist im Rationalismus also das denkende Ich und damit die Vernunft, die die Ansprüche der Religionen prüft. Wie weitgehend diese Prüfung zu erfolgen hat und welche Folgen sie für die christliche Religion hat, ist innerhalb der Strömung des Rationalismus umstritten. Während Descartes selbst der Meinung war, dass sich die Grundwahrheiten des Christentums sehr gut mit seinen philosophischen Erkenntnissen vermitteln lassen, waren die *Denker des englischen Deismus* der Meinung, dass viele Behauptungen des Christentums nicht einer rationalen Prüfung standhalten und entsprechend modifiziert werden müssen.

Herbert von Cherbury (1581-1648) etwa stellt den althergebrachten Offenbarungsreligionen das Konzept einer natürlichen Vernunftreligion gegenüber, die von universal gültigen, überall gleichen Grundsätzen der Vernunft ausgeht und durch die Religion normiert wird. Dabei meint er, bestimmte in der Religion vorhandene Grundwahrheiten ausweisen zu können, die der Mensch nur leugnen könne, wenn er sich gegen seine eigene Vernunft wende. Hierzu gehöre der Glaube an einen Gott, der durch ein tugendhaftes Leben zu verehren sei, sowie die Einsicht in die Unsterblichkeit der Seele und das Jüngste Gericht. Nicht dazu gehört der Glaube an einen in der Geschichte handelnden Gott bzw. alles, was nur durch Offenbarung zugänglich ist.

Nach John Toland (1670-1722) mag zwar Offenbarung auf der Ebene der Genese der Grund dafür sein, dass man glaubt, aber geltungslogisch kann nur die durch die Vernunft aufgewiesene Evidenz des Geglaubten Glaubensgrund sein. Seine Konversion vom Katholizismus zum Protestantismus begründet er dadurch, dass es für die Vernunft unzumutbar sei, im Glauben undurchdringliche Geheimnisse zuzulassen wie es im katholischen Glauben üblich sei. Alle Mysterien im Christentum stammen ihm zufolge aus nichtchristlichen Einflüssen und müssen aus der Religion getilgt werden. Nur – so das Credo im englischen Deismus – das vernünftig Einsehbare kann heilsrelevant sein. Offenbarung kann also nur dann Autorität beanspruchen, wenn sie durch die innere Offenbarung des Göttlichen in der Vernunft bestätigt wird. Der Offenbarungsglaube wird vollständig den Gesetzen der Vernunft unterworfen und aus ihr abgeleitet.

Die Impulse der englischen Deisten werden auch in der französischen Aufklärung kritisch weitergeführt und oft auch religionskritisch weitergedacht – etwa bei Voltaire oder Auguste Comte. Auch in

Deutschland werden diese Ideen an einigen Stellen aufgenommen – etwa bei dem durch Lessing bekannt gewordenen Hermann Samuel Reimarus (1694-1768). Er stellt ausgehend von seiner Kritik der Erbsündenlehre die Vernunftreligion und das kirchlich verfasste Christentum in schroffe Opposition zueinander und plädiert für einen vernunftgeleiteten, sehenden Glauben.

Der Hauptstrom der deutschen Aufklärung wendet sich aber nicht gegen Offenbarungsreligionen, sondern bemüht sich darum, die Vernünftigkeit des tradierten religiösen Glaubens nachzuweisen und diesen nur an wenigen Stellen von Verunreinigungen zu befreien. Der berühmte Universalgelehrte Gottfried Wilhelm Leibniz (1646-1716) beispielsweise will in seiner Philosophie ganz im Geist des Rationalismus und in Weiterführung einiger Einsichten von Descartes ausführlich eine Rechtfertigung des christlichen Glaubens auf dem Forum der Vernunft leisten. Interessanterweise begnügt er sich dabei – ähnlich wie die heute im englischsprachigen Bereich einflussreiche *reformed epistemology* – mit dem Anspruch, die gegen den Glauben vorgebrachten Einwände zu entkräften. Er will also – anders als die Deisten – Glauben nicht positiv begründen und aus Vernunftgrundsätzen ableiten. Vielmehr geht es ihm darum, den Glauben gegen die ihm gegenüber vorgebrachten Einwände aufrecht zu erhalten. Ganz auf dieser Linie erklärt heute beispielsweise auch Nicholas Wolterstorff, dass Glaubende in ihrem Glauben gerechtfertigt seien, solange ihnen nicht die Falschheit ihres Glaubens nachgewiesen werde. Entsprechend des Grundsatzes *in dubio pro reo* (= im Zweifel für den Angeklagten) genüge es dem Glaubenden, wenn er die Einwände gegen den Glauben widerlege. Dagegen sei ein positiver Beweis des Glaubens unmöglich.

Ein derartiger Anspruch erschien allerdings vielen Rationalisten als zu bescheiden. Sie wollten und wollen den Glauben positiv begründen und nur das an ihm festhalten, das einer solchen Begründung zugänglich ist. Besonders bekannt und einflussreich ist in diesem Kontext die Auseinandersetzung mit den Offenbarungsreligionen bei Gotthold Ephraim Lessing (1729-1781) geworden. Gegen die Deisten hält er daran fest, dass die aus der Vernunft entwickelte Religion nicht a priori (also vor jeder Erfahrung) und in allen Punkten zur Richtschnur des Glaubens gemacht werden kann. Dennoch war er der Überzeugung, dass erst der Erweis der Übereinstimmung der Glaubensansprüche mit notwendigen Vernunftwahrheiten eine hinreichende Basis für den Glauben sein kann. Dabei reduziert er die Offenbarungsreligionen jedoch nicht auf eine Vernunftreligion, sondern weist bestimmte unhintergehbare Grundsätze der Vernunft aus, die auf unterschiedlichen Wegen von den Religionen erfüllt werden. Die Verschiedenheit von Judentum, Christentum und Islam will er weder zu Gunsten einer dieser Religionen noch zu Gunsten einer abstrakten Vernunftreligion ausschlachten. Vielmehr geht es ihm darum, dass die verschiedenen Religionen sich in Kongruenz mit den Ansprüchen der Vernunft reflektieren und dann durch ihre ethisch vorbildliche Praxis in einen Wettstreit miteinander eintreten.

In seiner Schrift *Die Erziehung des Menschengeschlechts* macht er deutlich, dass Offenbarung in diesem Zusammenhang lediglich ein pädagogisches Mittel zur einfacheren Erkenntnis darstellt, von der Sache her aber verzichtbar ist:

> Erziehung gibt dem Menschen nichts, was er nicht auch aus sich selbst haben könnte: Sie gibt ihm das, was er aus sich selbst haben könnte, nur geschwinder und leichter. Also gibt auch die Offenbarung dem Menschengeschlechte nichts, worauf die menschliche Vernunft, sich selbst überlassen, nicht auch kommen würde: sondern sie gab und sie gibt ihm die wichtigsten Dinge nur früher.[1]

Widersprüche zwischen Offenbarung und Vernunft sind in einem solchen Zugang von vornherein ausgeschlossen, und die Erkenntnisse der Vernunft dienen als Richtmaß, um die Ansprüche der Offenbarung auf ihre Richtigkeit zu überprüfen. Eine Erweiterung oder Befruchtung der Perspektiven der Vernunft durch den Glauben ist nicht vorgesehen. Offenbarung wird reduziert auf eine Hilfe für die, die noch nicht in ausreichendem Maß zum kritischen Nachdenken gekommen sind.

Die damit angedeutete Unterordnung des Glaubens unter die Vernunft wird bei Lessing noch dadurch unterstrichen, dass er ganz im Geist des Rationalismus notwendige Vernunftwahrheiten über zufällige Geschichtswahrheiten stellt. Keine noch so gut begründete, aus zufälliger Erfahrung gewonnene Gewissheit kann Lessing zufolge ausreichen, um notwendige Vernunfteinsichten auch nur zu modifizieren: „Zufällige Geschichtswahrheiten können der Beweis von notwendigen Vernunftwahrheiten nie werden.“[2] Es bestehe also ein garstig breiter Graben zwischen Geschichts- und Vernunftwahrheiten, der noch dadurch verbreitert werde, dass die Geschichtswahrheiten, auf die sich das Christentum gründe, viele hundert Jahre vergangen sind. Der garstig breite Graben zwischen den Erlebnissen der Jünger und unseren Erlebnissen heute ist es also Lessing zufolge ebenso wie der Graben zwischen Geschichts- und Vernunfterkenntnis, der es dem Menschen von heute schwer macht, der christlichen Offenbarungswahrheit zu glauben.

1.2 Empirismus

Zumindest der Graben zwischen Geschichts- und Vernunftwahrheiten besteht in dieser Form im Empirismus nicht. Denn die aus der Erfahrung in der Geschichte gewonnenen Erkenntnisse sind hier die Grundlage aller Wissenschaft. John Locke (1632-1704), ein Begründer des Empirismus, kritisiert deshalb ausführlich die cartesianische (d.h. von Descartes herkommende) Vorstellung von den in die Vernunft eingeborenen Ideen und geht von den Wahrnehmungen der Dinge als unhinterfragbaren letzten Daten unserer Erkenntnis aus. Von diesen Erfahrungen aus gelte es, den Prinzipien der Vernunft entsprechend induktiv Wissen zu generieren. Anders als Descartes hält er es also für unbegründet, grundsätzlich an Sinneswahrnehmungen zu zweifeln und meint, wiederholt gemachten Erfahrungen als Begründung von Erkenntnis trauen zu dürfen. Die Existenz apriorischer (erfahrungsunabhängiger) Erkenntnismöglichkeiten lehnt er ab und besteht darauf, dass alles Wissen letztlich auf Erfahrung gründet.

Interessanterweise kann man auch heute wieder in allen Bereichen der Wissenschaft ein neues Erstarken des Empirismus feststellen. Nicht nur Naturwissenschaftler geben sich der Illusion hin, alle Rätsel des Lebens durch rein empirische Forschung lösen zu können. Wissenschaftler, die meinen, Phänomene wie Freiheit und Liebe gewissermaßen rückstandsfrei neurowissenschaftlich klären zu können und die selbst der Wahrnehmung Gottes eine bestimmte Hirnregion zuweisen wollen, erobern die Schlagzeilen und bestimmen, wenn nicht den philosophischen, so doch zumindest den gesellschaftlichen Diskurs, als ob es nie eine wirksame Kritik des Empirismus gegeben hätte. Gepaart ist dieser neue Empirismus – wie bereits bei Thomas Hobbes (1588-1679) – oft mit einem Naturalismus, der nur das materiell Fassbare als wirklich anerkennt und nur quantifizierbare Größen als Gegenstand der Wissenschaft ansieht.

Aus empiristischer Sicht war es also nicht so sehr das Problem des Christentums, dass es überhaupt auf geschichtlichen Überlieferungen und damit auf empirischen Gegebenheiten gründet. Vielmehr wird das Christentum dadurch in seiner Rationalität fraglich, dass es sich auf einzelne (nicht wiederholbare oder nachstellbare) Geschichtserfahrungen wie beispielsweise die Auferstehung gründet. Der wichtigste Denker des Empirismus David Hume (1711-1776) bemerkt hierzu:

> Berichtet mir jemand, er habe einen Toten wieder aufleben sehen, so überdenke ich gleich bei mir, ob es wahrscheinlicher ist, dass der Erzähler trügt oder betrogen ist oder dass das mitgeteilte Ereignis sich wirklich zugetragen hat.[3]

Natürlich ist es – so Hume – wahrscheinlicher, dass hier ein Betrug oder Missverstehen vorliegt. Denn eine Auferstehung widerspricht allen sonst erhebbaren empirischen Daten. Also ist es – so die empiristische Schlussfolgerung – unvernünftig, dem Auferstehungszeugnis Glauben zu schenken.

Angesichts der Wunderkritik der liberalen Theologie des 19. Jahrhunderts gilt dieser Einwand umso mehr in Bezug auf die Wunderberichte der Bibel und der kirchlichen Überlieferungen. Alle einmaligen Geschichtstatsachen von der Jungfrauengeburt bis zu den Wundern irgendwelcher Heiligen werden durch die empiristische Suche nach dem Quantifizierbaren und Reproduzierbaren diskreditiert. Denn ganz offensichtlich sind sie weder experimentell wiederholbar noch aus neutraler Perspektive überhaupt wahrnehmbar.

	Rationalismus	**Empirismus**
Vertreter	Descartes/Leibniz	Locke/ Hume
Erkenntnisbasis	Denkendes Ich	Erfahrung
Schlussform	deduktiv/ apriorisch	induktiv/ aposteriorisch
Zugang zu Gott	eingeborene Idee	indirekt, aus seinen Wirkungen

1.3 Im Feuer der Kritik

Der Offenbarungsglaube gerät also im Zuge der Neuzeit aus zwei verschiedenen Lagern ins Feuer der Kritik: Zum einen wird aus rationalistischer Sicht die Bedeutung aus Erfahrung gewonnener Erkenntnis grundsätzlich und insgesamt relativiert. Die Begründbarkeit des Glaubens durch den Rekurs auf Offenbarung bzw. Erfahrung wird damit in Frage gestellt. Zum anderen wird aus empiristischer Sicht bestritten, dass die behaupteten Erfahrungen aus der christlichen Tradition mit guten Gründen aufrecht erhalten werden können (vgl. etwa die Wunderkritik David Humes). Denn gegen Wunder spricht aus empiristischer Sicht, dass sie nicht wiederholbar oder irgendwie neutral fassbar sind.

Eine weit verbreitete Form der Reaktion traditioneller Apologetik auf die Herausforderungen von Rationalismus und Empirismus bestand darin, auf dem Boden der jeweils kritisierten Weltanschauung die Rationalität des Offenbarungsglaubens zu verteidigen und den Gegner somit mit den eigenen Waffen zu schlagen. So wurde (und wird teilweise immer noch) die Rationalität des Wunder- und Auferstehungsglaubens dadurch verteidigt, dass darauf hingewiesen wird, dass die von der Kirche anerkannten Wunder gerichtlich überprüft und von erfahrenen Medizinern beglaubigt wurden. Die Durchbrechung der Naturgesetze in ihnen sei also in überzeugender Weise empirisch nachgewiesen, und es sei vernünftig, diesen Nachweis als Evidenz des Glaubens zu akzeptieren. In ähnlicher Weise wird versucht, die Auferstehungserfahrung als ein objektives Ereignis zu rekonstruieren, für das sich kaum widerlegbare Evidenz benennen lässt. Offenbarung wird in dieser Sichtweise als empirisch wahrnehmbares Ereignis verstanden, das all unsere sonstigen Erfahrungen überbietet und nur durch ein besonderes Eingreifen Gottes erklärbar ist.

Ganz davon abgesehen, dass diese Vorgehensweise von der Sache her wenig überzeugend ist, übernimmt sie in problematischer Weise einige der reduktionistischen Vorurteile des Empirismus. Wirkliche Erkenntnis scheint in dieser Sicht harte empirische Evidenz zu benötigen. Die Kriterien für eine solche harte Evidenz werden aus der empiristischen Sicht übernommen. Statt etwa zu fragen, wie man aus einer solchen empiristischen Sicht jemals der Liebe eines anderen Menschen trauen sollte, weil sich Liebe ja empirisch nicht beweisen lässt, wird so ein Standpunkt übernommen, der den Weg zu einem dialogisch-kommunikativen Offenbarungsverständnis verstellt.

In ähnlicher Weise erschwert wird der Weg zu einem dialogischen Offenbarungsverständnis durch die traditionelle Form der Apologetik gegenüber dem Rationalismus. Hier wurde meistens versucht, eine natürliche Gotteserkenntnis über das Dasein Gottes anzunehmen, während das Wesen Gottes nur aufgrund der Offenbarung bekannt sei. Dabei versteifte man sich darauf, Offenbarung als Belehrung über durch die Vernunft nicht erreichbare Sachverhalte zu verstehen. Auf diese Weise entstanden gewissermaßen zwei Stockwerke der Erkenntnis Gottes. Das erste Stockwerk ist der normalen menschlichen

Vernunft zugänglich. Es hat mit Offenbarung nichts zu tun und versichert uns der Existenz Gottes, ohne Angaben über sein Wesen zu machen. Im Blick auf dieses erste Stockwerk wussten sich die traditionellen Apologeten mit den meisten Rationalisten einig.

Anders als diese nehmen sie jedoch die Existenz eines zweiten Stockwerks an, das einer übernatürlichen Erkenntnis vorbehalten ist. In diesem nur der übernatürlichen Erkenntnis vorbehaltenen Stockwerk findet sich alles, was zur christlichen Offenbarung gehört. Es ist zwar der rationalen Rekonstruktion verschlossen. Wohl aber lässt sich rational zeigen, dass die hier enthaltenen Inhalte nicht durch Vernunftanstrengung ableitbar sind.

2. Stock	Christen, die durch das Licht der Offenbarung die Welt richtig sehen und auch Einsicht vom Wesen Gottes haben (Bereich der übernatürlichen Vernunft).
1. Stock	Rationalistische Philosophen, die eingesehen haben, dass man Gottes Existenz beweisen kann (Bereich der natürlichen Vernunft).
Erdgeschoss	Atheisten und alle, die zu dumm sind, um zur Erkenntnis Gottes vorzustoßen.

Dadurch dass in dieser Form der Abwehr des Rationalismus versucht wird, die Übervernünftigkeit der Offenbarung und ihre Nicht-Ableitbarkeit aus dem Gegebenen zu beweisen, wird ebenso wie bei der Behauptung der Beweisbarkeit Gottes auch auf dem Gebiet der Theologie die strikt deduktive Begründungsform des Rationalismus akzeptiert. Abermals wird also die Denkform des kritisierten Gegners übernommen. Zugleich wird durch die behauptete Trennung von Natur und Über-Natur die Mitteilbarkeit des Offenbarungsglaubens erschwert und die Brücke zum Rationalismus eingerissen.

Der traditionellen Apologetik ist allerdings zuzugestehen, dass Empirismus und Rationalismus gleichermaßen Defizite aufweisen, die eine adäquate Artikulation des christlichen Glaubens in ihnen kaum zulassen. Von daher ist es wichtig, sich bewusst zu machen, dass beide Denktraditionen schon aus sich Probleme entlassen, die es aus rein philosophischen Gründen als wenig attraktiv erscheinen lassen, sich die jeweilige Denkform zu eigen zu machen.

Als erster erkannt hat dies der sicherlich wichtigste Denker der Aufklärung überhaupt: Immanuel Kant (1724-1804). Dem Rationalismus wirft er vor, bestimmte letzte Prinzipien des eigenen Denkens absolut zu setzen, ohne sie noch einmal einer kritischen Überprüfung zu unterziehen (Dogmatismus). Beim Empirismus wittert er die Gefahr, letztlich keine aus der Geschichte gewonnenen Erkenntnisse im Letzten respektieren zu können und in eine endlose Schleife des Hinterfragens von allem zu geraten (Skeptizismus). Zugleich stellt er fest, dass beide Richtungen jeweils überzeugend die je andere Richtung kritisieren können, so dass die Metaphysik zum Schlachtfeld zwischen ihnen wird, ohne dass sich ihr Streit jemals entscheiden lasse. Denn der methodische Zweifel eines Descartes ist immer dazu imstande, mit den Voraussetzungen des Empirismus aufzuräumen – so wie Locke leicht nachweisen konnte, dass die Vorstellung von eingeborenen Ideen unhaltbar ist und der Rationalismus schon wegen seiner Abhängigkeit von den leicht kritisierbaren Gottesbeweisen zu keiner wirklichen Erkenntnis führt. Ähnlich wie der Streit zwischen Aristotelikern und Platonikern nicht rational lösbar sei, so gebe es auch hier keinen Ausweg, wenn man nicht grundsätzlich etwas in der Philosophie ändere.

Eben diese grundsätzliche Änderung vollzieht Kant in der sog. *kopernikanischen Wende*, d.h. in der Umkehrung der Annahme, dass sich unsere Erkenntnis nach den Gegenständen richtet. So wie bis Kopernikus die Annahme selbstverständlich war, dass die Erde der Mittelpunkt des Weltalls sei und alle anderen Planeten sich um sie herum bewegten, so war es in der vorkantischen Metaphysik (also auch für Rationalisten und Empiristen gleichermaßen wie auch schon für Platoniker und Aristoteliker) selbstverständlich anzunehmen, dass sich unsere Erkenntnis nach den Gegenständen richtet.

Angesichts der ausweglosen Streitigkeiten, in die diese Sichtweise geführt hat, schlägt Kant eine Umkehrung der Perspektive vor. So wie Kopernikus anregte, die neuen naturwissenschaftlichen Erkenntnisse durch eine Transformation des geozentrischen in ein heliozentrisches Weltbild in eine adäquate Gesamtsicht zu integrieren, macht Kant den Gedanken stark, dass sich nicht unsere Erkenntnis nach den Gegenständen richtet, sondern dass sich die Gegenstände nach unserer Erkenntnis richten. Durch diese zunächst einmal kontraintuitive Annahme wird die wissenschaftliche Prüfung unseres Erkenntnisvermögens bzw. die Selbstprüfung der Vernunft zum Ausgangspunkt jeder Wahrheitsfindung. Quelle für Notwendigkeit und Allgemeinheit unserer Urteile sind in dieser Perspektive nicht mehr die Gegenstände, sondern ist das erkennende Subjekt.

Der Beleg für die Richtigkeit dieses Perspektivenwechsels kann natürlich nicht die Erfahrung oder gar die Alltagsintuition sein, weil eben diese zu den aussichtslosen Streitereien der traditionellen Metaphysik geführt haben und auch weiter führen. Seine Richtigkeit erweist sich vielmehr darin, dass sich Vernunft mit seiner Hilfe widerspruchsfrei beschreiben kann und dass die berechtigten Anliegen von Rationalismus und Empirismus aus dieser Perspektive einholbar und vermittelbar sind.

In kritischer Aufnahme des Empirismus hält Kant fest, dass jede Erkenntnis mit Erfahrung beginnt und somit synthetisch ist. Zugleich bestreitet er den Anspruch des Empirismus, dass aus diesem zeitlichen Anfang auch der sachliche Vorrang der Erfahrung folgt. Nach Kant gibt es vielmehr Erkenntnisse und damit synthetische Urteile, die dadurch gekennzeichnet sind, dass sich ihre Denknotwendigkeit und Allgemeingültigkeit mit Mitteln der Vernunft nachweisen lässt und die insofern a priori gelten. In diesem Sinne sind nach Kant nicht nur alle Sätze der Mathematik und der Logik (z.B. das Kausalprinzip) apriorisch, sondern auch die Begriffe des Raumes und der Substanz. In allen theoretischen Wissenschaften der Vernunft (Mathematik, Naturwissenschaften, Metaphysik) sind nach Kant also synthetische Urteile a priori als Prinzipien enthalten. Die entscheidende Aufgabe seines kritischen Philosophierens sieht er darin, die Möglichkeit solcher synthetischen Urteile a priori nachzuweisen.

Die besondere Pointe seiner Vorgehensweise besteht dabei darin, diese Apriorizität nicht in dem Wesen der uns umgebenden Dinge, sondern in der konstruktiven Leistung des Erkenntnissubjekts zu begründen. A priori ist also von den Dingen nur erkennbar – und insofern kann von einer Sache nur das sicher gewusst werden –, was wir in sie hineinlegen. Damit übersteigt die transzendentale Erkenntnis zwar ebenso wie der Rationalismus den Bereich des Empirischen. Der Überstieg richtet sich aber nicht nach vorne in eine erfahrungsfreie „Hinterwelt“, sondern geschieht gewissermaßen im Blick zurück durch die Untersuchung der Bedingungen der Möglichkeit von Erfahrung des Subjekts. Insofern die in dieser Untersuchung aufgewiesenen allgemein gültigen Bedingungen der Möglichkeit der Erfahrung als apriorisch und damit als erfahrungsfrei konzipiert werden, bleibt die Möglichkeit von Metaphysik erhalten und der Empirismus abgewehrt. Zugleich erteilt Kant aber auch dem Rationalismus eine Absage, insofern er diese Metaphysik als Theorie der Erfahrung bestimmt und nicht als eine den Erfahrungsbereich übersteigende Wissenschaft.

Die Wendung zu den apriorischen Bedingungen der Möglichkeit von Erfahrung im Subjekt ist also die entscheidende Wende, die Kants Transzendentalphilosophie ausmacht. Sie ist für die Offenbarungsproblematik insofern von ungeheurer Brisanz, als mit dieser Methode apriorische Prinzipien gefunden werden können, die all unserem Denken und Erfahren zugrunde liegen und die von daher auch bei der Untersuchung von Offenbarungsansprüchen leitend sein müssen. Kant selbst war nicht der Ansicht, dass sich seine theoretische Philosophie dazu nutzen ließ, Aussagen über Gott zu prüfen. Seiner Ansicht nach lässt sich mit Hilfe der theoretischen Vernunft überhaupt nichts von Gott sagen. Er will vielmehr jede Möglichkeit der rationalen Gotteserkenntnis mit der reinen Vernunft abwehren, um Raum für den Glauben zu schaffen.

Gott kann als das Unbedingte nach Kant auch kein möglicher Gegenstand unserer Erfahrung sein. Man könne Gott also per definitionem nicht als Gott erkennen:

> Denn wenn Gott zum Menschen wirklich spräche, so kann dieser doch niemals *wissen*, dass Gott es sei, der zu ihm spricht. Es ist schlechterdings unmöglich, dass der Mensch durch seine Sinne den Unendlichen fassen … solle.[4]

Von daher scheint Kants Zugang sowohl eine natürliche Theologie als auch eine Offenbarungstheologie auszuschließen und entsprechend wurde Kant lange durch die Theologie bekämpft. Wie wir aber noch sehen werden, lässt sich sein transzendentalphilosophischer Ansatz sehr wohl theologisch rezipieren und man kann in positiver Anknüpfung an ihn durchaus die Herausforderung der Aufklärung annehmen (Kap. 4 und 6).

Wichtig ist es allerdings, seinen Einwand gegen die Antreffbarkeit des Unendlichen im Endlichen ernst zu nehmen. Wie kann man vernünftigerweise verständlich machen, dass das Unendliche nicht nur im Endlichen erscheinen, sondern dann auch noch als solches erkannt werden kann? Wie kann also das Endliche/ Bedingte das Unendliche/ Unbedingte erkennen?

Eine sehr einfache Standardantwort auf diese Frage findet sich bereits bei Martin Luther. Das Bedingte kann dann das Unbedingte erkennen, wenn es vom Unbedingten dazu befähigt wird. Gott als das Unbedingte befähigt den Menschen durch den Heiligen Geist dazu, ihn in seinem Zusagewort als den Unbedingten zu erkennen. Das Unbedingte allein ist es also, das das Unbedingte erkennen kann. Vom Bedingten führt dagegen kein Weg zu ihm, auch nicht von der ja ebenfalls nur endlichen Vernunft aus.

Luther befindet sich mit dieser Antwort in der Tradition des Augustinus, der generell die Kompetenz der Vernunft zur Prüfung von

Offenbarungsansprüchen in Zweifel zog. Die Vernunft des Menschen ist nach Augustinus zur Einsicht in die Wahrheit der Offenbarung prinzipiell unfähig. Sie braucht das Geschenk des Glaubens, das sie in keiner Weise aus sich selbst hervorbringen kann. So wie der Glaube ganz und gar Tat und Gnade Gottes sei und nicht Leistung des Menschen, so sei insgesamt die menschliche Vernunft nicht dazu imstande, den Glauben adäquat zu artikulieren oder gar zu prüfen.

Anders als bei Thomas von Aquin und dem Hauptstrom der katholischen Tradition, die eine wechselseitige Verwiesenheit und damit ein dialogisches Verhältnis von Offenbarung und Vernunft propagieren, wird hier also einer radikalen Unterordnung der Vernunft unter den Glauben das Wort geredet. Wir werden auf diesen in der gegenwärtigen Theologie wieder beliebter werdenden Weg noch einmal eigens zu sprechen kommen (Kap. 5).

Will man sich allerdings nicht auf diese Weise vor den Zweifeln der Vernunft immunisieren und die Herausforderung der Aufklärung annehmen, ist die Frage, wie man auf vernunftgemäße Weise im Bedingten vom Unbedingten reden kann. Diese Frage wird umso drängender als aufgrund der Religionskritik des 19. Jahrhunderts die Option einer atheistischen Abwehr sämtlicher Offenbarungsansprüche eine ernst zu nehmende Möglichkeit darstellt.

Literatur

Essen, Georg/ Striet, Magnus (Hg.), Kant und die Theologie, Darmstadt 2005 *(Aufsatzsammlung zu Rezeptionsmöglichkeiten Kants in der Theologie).*

Seckler, Max, Aufklärung und Offenbarung. In: Christlicher Glaube in moderner Gesellschaft XXI, Freiburg 1981, 5-78, bes. 54-59 *(klassischer Text zur Entwicklung verschiedener Offenbarungsmodelle in Anknüpfung an die Herausforderungen der Aufklärung).*

2. Herausforderung Religionskritik

oder die Vernunft im Kampf gegen die Offenbarung

Die Religionskritik fordert dazu heraus, alle Plausibilitäten des Offenbarungsglaubens auf den Prüfstand zu stellen. Insbesondere stellt sie uns vor die Frage, ob das im Glauben Bekannte aus den Sehnsüchten und Hoffnungen des Menschen ableitbar oder durch ein von außen kommendes Geschehen begründet ist.

Der Ausgangspunkt jeder Offenbarungstheologie besteht in der These, dass die durch Offenbarung konstituierte Religion nicht im Handeln des Menschen, sondern im Handeln Gottes gründet. Religion wird hier also dadurch konstituiert, dass Menschen sich von der Offenbarung Gottes ergreifen und verändern lassen. Gerade die Behauptung von der Offenbarung ergriffen und gepackt zu werden, lässt sich nun aber – so der religionskritische Einwand – durch das große Bedürfnis derjenigen erklären, die gepackt werden wollen, weil sie sich noch nicht genug bejahen, um sich selbst als Ursprung von etwas zu sehen, dem sie sich hingeben können. Zumindest der gleich noch genauer zu besprechende Religionskritiker Friedrich Nietzsche äußert wiederholt den Verdacht, dass die Behauptung von Offenbarung eigentlich in einer Missachtung der eigenen Produktivität und Kreativität gründet. Wer der eigenen inneren Kraft nicht traut oder sie noch nicht entdeckt hat, projiziert sie in Gott und ist dadurch endlich einmal hingerissen – so Nietzsche. Der auf die Offenbarung bauende Gläubige brauche diese Behauptung eines ihm vorgegebenen Handelns, damit unanfechtbar werde, was als bloßes Menschenwort keinen Gehorsam fände.

2.1 Ludwig Feuerbach

Mit diesem Projektionsverdacht folgt Nietzsche einer Spur, die als erster Ludwig Feuerbach (1804-1872) gelegt hatte. Feuerbach – ursprünglich Theologe, später ein stark von Hegel beeinflusster atheistischer Philosoph – meint in seiner „*Projektionsthese*", Religion und die mit ihr einhergehenden Offenbarungsansprüche als Projektion menschlicher Wünsche und Ideale auf Gott entlarven zu können. Gott sei nichts weiter als ein fiktives Wesen, das erfunden werde, um eine Projektionsfläche für menschliche Bedürfnisse zu haben. Die Bestimmungen des göttlichen Wesens, d.h. die ihm beigelegten Eigenschaften, sind nach Feuerbach in Wahrheit lediglich Bestimmungen des menschlichen Wesens. Der Mensch idealisiere seine Eigenschaften, stelle sie vor sich hin, bezeichne sie als Gott und bete sie an. Feuerbach wörtlich:

> Wie der Mensch denkt, wie er gesinnt ist, so ist sein Gott: so viel Werth der Mensch hat, so viel Werth und nicht mehr hat sein Gott. *Das Bewusstsein Gottes ist das Selbstbewusstsein des Menschen, die Erkenntniss Gottes die Selbsterkenntniss des Menschen.* Aus seinem Gotte erkennst Du den Menschen, wiederum aus dem Menschen seinen Gott; beides ist eins ...: Gott ist das *offenbare* Innere, das *ausgesprochene* Selbst des Menschen; die Religion die feierliche Enthüllung der verborgenen Schätze des Menschen, das Eingeständniss seiner innersten Gedanken, das *öffentliche Bekenntniss seiner Liebesgeheimnisse*. ...
> Die Religion, wenigstens die christliche, ist das *Verhalten des Menschen zu sich selbst,* oder richtiger: zu *seinem Wesen,* aber das Verhalten zu seinem Wesen *als zu einem anderen Wesen.*[5]

Mit diesen Ansichten kehrt Feuerbach gewissermaßen den biblischen Schöpfungsbericht um: Nicht Gott schuf den Menschen nach seinem Bilde, sondern der Mensch schuf/ erfand Gott nach seinen Bildern und Wünschen. Die Anbetung Gottes durch den Menschen entpuppt sich in dieser Perspektive als Anbetung des eigenen Wesens, die der Mensch mit seinem Erwachsenwerden ablegen sollte. Daraus ergibt sich als Ziel von Feuerbachs Religionskritik,

> die Menschen aus Theologen zu Anthropologen, aus Theophilen zu Philanthropen, aus Kandidaten des Jenseits zu Studenten des Diesseits, aus religiösen und politischen Kammerdienern der himmlischen und irdischen Monarchie und Aristokratie zu freien, selbstbewußten Bürgern der Erde zu machen.[6]

Die ersten Wurzeln dieser Projektionsthese sind bereits bei Xenophanes (6. Jh. v. Chr.) in der griechischen Aufklärung zu finden, der die Unterschiede zwischen Gottesvorstellungen durch die Feststellung von Ähnlichkeiten zwischen Göttern und den sie verehrenden Völkern zu erklären versuchte:

> Schwarz, stumpfnasig: so stellt die Götter sich vor der Äthiope; aber blauäugig und blond malt sich der Thraker die seinen. Hätten die Rin-

> der und Rosse und Löwen Hände wie Menschen, könnten sie malen wie diese und Werke der Kunst sich erschaffen, alsdann malten die Rosse gleich Rossen, gleich Rindern die Rinder. Auch die Bilder der Götter und je nach dem eigenen Ausseh'n würden die leibliche Form sie ihrer Götter gestalten.[7]

Während Xenophanes seine Religionskritik vorträgt, um eine rationale Reinigung des Gottesbildes von anthropomorphen Zügen zu leisten, geht es Feuerbach um eine Form von Religionskritik, die Religion als Lug und Trug entlarven will. Die Behauptung von Offenbarung erscheint hier als leicht durchschaubarer Kniff, um die Projektionsthese abzuwehren. Denn wenn alle wesentlichen Inhalte von Religion von außen an den Menschen herangetragen wurden, dann kann es sich nicht einfach um eine Projektion handeln. Dagegen macht Feuerbach geltend, dass die Inhalte der christlichen Offenbarungsreligion allzu offensichtlich den menschlichen Sehnsüchten und Wünschen entsprechen, als dass man dieser Behauptung Glauben schenken könnte. Was schätze der Mensch mehr als die Liebe? Sei es da ein Wunder, dass der Mensch Gott als Liebe verehre? Wie wichtig sei dem Menschen doch eine gerechte Welt und moralisches Handeln! Sei es da überraschend, dass er Gott als Quell aller Moralität denke und ihn als Garanten der Gerechtigkeit verehrt? Und wie sehr bemüht sich der Mensch doch darum, alles mit seiner Vernunft zu erfassen und zu verstehen! Sei es da merkwürdig, dass er Gott als intelligentes Wesen und als Geist denke, der allem einen Sinn gibt, so dass unser Suchen nach Sinn nicht ins Leere geht? Hinter dem

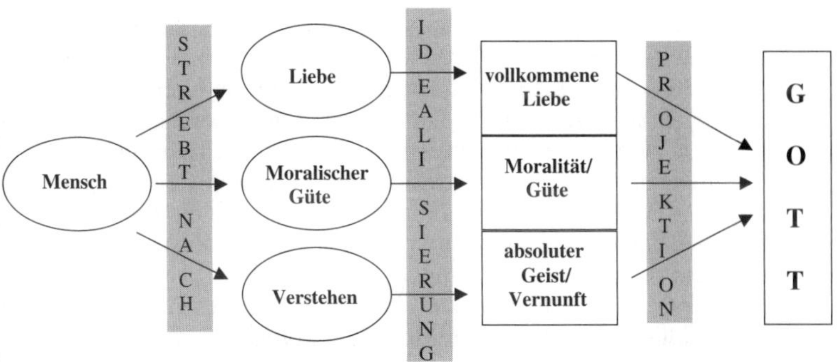

Feuerbachs Projektionsthese: Der Mensch projiziert seine eigenen Eigenschaften in idealisierter Form auf Gott

Glauben an Gott als unendliche, unbegrenzte Liebe, Moralität und Erkenntnis steht in Feuerbachs Augen also letztlich nichts anderes als die Unbegrenztheit und Unstillbarkeit menschlicher Wünsche nach Liebe, Moralität und Erkenntnis. Die Behauptung von Offenbarung solle hier die menschlichen Sehnsüchte als Quelle von Religion verdecken, damit man sich dem Traum ihrer Erfülltheit umso hemmungsloser hingeben könne.

Sicherlich kann man Feuerbach entgegenhalten, dass seine Behauptungen im Blick auf die Entstehung bzw. Genese religiöser Vorstellungen nichts hinsichtlich ihrer Geltung besagen (Genese-Geltungs-Fehlschluss). Selbst wenn alle religiösen Inhalte menschlichen Wünschen entsprechen, bedeutet das noch nicht, dass diese Wünsche keinen Halt in der Realität haben. Es könnte ja sein, dass diese Wünsche von Gott in die menschliche Natur eingepflanzt worden sind, damit der Mensch eine natürliche Sehnsucht nach Gott entwickelt. Dennoch wird man zugeben müssen, dass es extrem unplausibel ist, einem Offenbarungsanspruch Vertrauen zu schenken, der etwas als von außen bzw. von Gott her kommendes Wort bezeichnet, das sich hervorragend als Projektion menschlicher Sehnsüchte begreiflich machen lässt. Will man auf Feuerbachs Religionskritik überzeugend antworten, führt also kein Weg daran vorbei, deutlich zu machen, warum die Offenbarungsgehalte einer Religion mehr und anders sind als Spiegelungen der Erwartungshaltungen und Wünsche des Menschen.

2.2 Karl Marx

Ein zweiter, sehr bekannter Religionskritiker ist der als Kind zum Christentum konvertierte jüdischstämmige Philosoph Karl Marx (1818-1883). Er wurde während seines Studiums im Kreis der Berliner Junghegelianer, v.a. unter dem Einfluss von Feuerbach und Bruno Bauer, zum Atheisten, später dann v.a. durch Erfahrungen und Begegnungen in Paris zum Sozialisten und Kommunisten. Marx hält Religion – Feuerbachs Projektionsthese folgend – für ein Produkt des Menschen und sieht in ihr einen Spiegel unwürdiger Zustände; sie ist für ihn ein Beispiel der Entfremdung des Menschen von seinem Wesen. Er fragt aber darüber hinaus auch danach, wie es zu dieser religiösen Selbstentfremdung des Menschen kommen konnte und wie sie überwunden werden kann.

Die Ursache für die religiöse Entfremdung liegt nach Marx (anders als in Feuerbachs Theorie) nicht im abstrakten Wesen des Menschen, sondern in den konkreten gesellschaftlichen Verhältnissen, die das Wesen des Menschen bestimmen. Die verkehrte Weltsicht der Religion werde durch die verkehrte, ungerechte, unmenschliche gesellschaftliche Wirklichkeit erzeugt. Zwar sei die Religion nicht nur Konsequenz aus dieser Wirklichkeit, sondern als „der Seufzer der bedrängten Kreatur" auch Protest gegen sie. Aber insofern sie die Menschen durch ihre Jenseitsvertröstung von der diesseitigen Welt und deren Veränderung ablenke, wirke Religion als Beruhigungs- und Betäubungsmittel, das illusorisches statt wirkliches Glück verschaffe und von Marx deshalb als „*Opium* des Volks" abgelehnt wird.

Die Überwindung dieses illusorischen Glücks verspricht sich Marx von einer Veränderung der konkreten gesellschaftlichen Verhältnisse, die in einer klassenlosen Gesellschaft wirkliches Glück für alle möglich machen soll:

> Die Aufhebung der Religion als des *illusorischen* Glücks des Volkes ist die Forderung seines *wirklichen* Glücks. Die Forderung, die Illusionen über seinen Zustand aufzugeben, ist die *Forderung, einen Zustand aufzugeben, der der Illusionen bedarf.* Die Kritik der Religion ist also im *Keim* die *Kritik des Jammertales*, dessen *Heiligenschein* die Religion ist. ... Die Religion ist nur die illusorische Sonne, die sich um den Menschen bewegt, solange er sich nicht um sich selbst bewegt.
> Es ist also die *Aufgabe der Geschichte*, nachdem das *Jenseits der Wahrheit* verschwunden ist, die *Wahrheit des Diesseits* zu etablieren. ... Die Kritik der Religion endet mit der Lehre, daß der *Mensch das höchste Wesen für den Menschen* sei, also mit dem *kategorischen Imperativ, alle Verhältnisse umzuwerfen,* in denen der Mensch ein erniedrigtes, ein geknechtetes, ein verlassenes, ein verächtliches Wesen ist.[8]

Marx geht es also primär nicht um Religionskritik, sondern um eine Kritik jener gesellschaftlichen Verhältnisse, die Religion erforderlich machen. Religion erscheint auf diese Weise als Produkt gesellschaftlicher Ungerechtigkeiten und müsste sich aus den jeweiligen Gesellschaftsverhältnissen des Menschen ableiten lassen.

Eben an dieser Stelle könnte die Metakritik an Marx ansetzen, die – bei aller Anerkennung von Wechselwirkungen zwischen religiösen Sehnsüchten und gesellschaftlichen Problemen – doch davor warnen müsste, Religion einfach aus diesen Problemen abzuleiten. In diesem Zusammenhang könnte man überlegen, ob Religionen nicht auch Gehalte haben, die nicht aus gesellschaftlichen Prozessen ableitbar sind und die auch in gerechten Gesellschaftsordnungen Trost stiften können. Gerade hier könnte man auf Elemente stoßen, die die Rede von Offenbarung plausibilisieren – dann wenn Religion Kräfte mobilisieren kann, die Gesellschaften in ungeahnter Weise verändern und die Menschen zur Lebenshingabe für Gerechtigkeit und Frieden motivieren.

2.3 Friedrich Nietzsche

Gilt die Religionskritik von Marx im gegenwärtigen Christentum als weitgehend verarbeitet, so dass es genügt, sie als Warnhinweis in Erinnerung zu behalten, so dürften die Einsprüche von Friedrich Nietzsche (1844-1900) nichts an ihrer Aktualität und Brisanz verloren haben. Ja, man wird Nietzsche als konsequentesten Kritiker des Christentums und aller Offenbarungsreligionen verstehen dürfen, der diese in einer Weise herausfordert wie kaum ein anderer Denker. Nietzsche verschärft dic bisherige Religionskritik – ebenfalls in Fortführung der Projektionsthese Ludwig Feuerbachs –, indem er den Menschen, die bereits einem Salonatheismus frönen, die Konsequenzen aufzeigt, die aus der Tatsache, dass „Gott tot ist", d.h. dass der Glaube an Gott für den Menschen unglaubwürdig geworden ist, resultieren: Die Welt ist – ohne den althergebrachten Gottesglauben und nach der nihilistischen Beseitigung aller metaphysischen Reste und Werte – ohne „oben und unten", es gibt keine Orientierung, keine verlässlichen Maßstäbe, keine Leitlinie, keine Wahrheit mehr. Menschen, die diesen Verlust nicht verschmerzen können, die klare Maßstäbe und Orientierung sowie einen vorgegebenen Sinn in ihrem Leben brauchen, sind es, die an Gott glauben. Ihre selbst erdachten Orientierungsmarken behaupten sie als in Gottes Offenbarung gründend, um ihnen den Respekt geben zu können, den sie ihren eigenen Leistungen und dem eigenen Wert nie zollen würden. Auch bei Nietzsche ist es also die Funktion der Religion, dem Menschen, der zu schwach ist, sich selbst zu bestimmen, Halt zu geben.

So schwierig es gerade für den schwachen Menschen ist, auf Religion zu verzichten, so birgt dieser Verzicht nach Nietzsche doch auch große Chancen. Statt sich an einem Geländer festzuhalten, das ohnehin brüchig geworden sei, habe der Mensch die Möglichkeit, aus eigener Kraft sein Leben zu bestimmen. Die Nachricht vom Tode Gottes sei deshalb für alle freien Geister und wagemutigen Menschen eine gute Nachricht:

> In der That, wir Philosophen und ‚freien Geister' fühlen uns bei der Nachricht, dass der ‚alte Gott todt' ist, wie von einer neuen Morgenröthe angestrahlt; unser Herz strömt dabei über von Dankbarkeit, Erstau-

> nen, Ahnung, Erwartung, – endlich erscheint uns der Horizont wieder frei, gesetzt selbst, dass er nicht hell ist, endlich dürfen unsre Schiffe wieder auslaufen, auf jede Gefahr hin auslaufen, jedes Wagniss des Erkennenden ist wieder erlaubt, das Meer, *unser* Meer liegt wieder offen da, vielleicht gab es noch niemals ein so ‚offnes Meer'.[9]

Dem Christentum hält Nietzsche vor, es habe wesentlichen Anteil an der Verweichlichung des Menschen und es schränke die Autonomie des Menschen ein durch seine widernatürlichen, lebensverneinenden Moralvorschriften. Die Lust- und Leibfeindlichkeit des Christentums lasse Gott als Feind des Lebens und aller natürlichen Instinkte erscheinen: „Der Heilige, an dem Gott sein Wohlgefallen hat, ist der ideale Castrat ... Das Leben ist zu Ende, wo das ‚Reich Gottes' anfängt."[10] Es sei kein Wunder, dass die meisten Priester so verhärmt und lustfeindlich in die Welt schauten. Um mit der eigenen Erbärmlichkeit besser zurechtzukommen, versuchten sie, ihren Mitmenschen die Lust auf Sexualität und ein kraftvolles Leben madig zu machen. Als Entschädigung predigten sie ein Jenseits, das all das Schöne in kastrierter Form verspreche, dem man sich jetzt enthalten müsse. Für die wirklich aktiven Menschen gelte, dass sie sich innerlich vom Christentum befreit hätten und sich auf das offene Meer hinauswagten. Christen dagegen seien Hinterweltler, die vor lauter Angst vor dieser Welt nicht den Mut aufbrächten, diese als letzte Wirklichkeit ernst zu nehmen, und die deshalb alle Hoffnung auf eine Welt hinter unserer Welt setzen.

Abgesehen von der Proklamation des Todes Gottes steht bei Nietzsche v.a. die Bedeutung der Religionskritik für neue ethische und anthropologische Zielsetzungen im Mittelpunkt, d.h. er geht über die bloße Religionskritik hinaus und liefert Gegenkonzepte für ein neues Selbstverständnis des Menschen, das nicht aus Offenbarung, sondern aus der Kreativität und Macht des Menschen folgt. Denn nach dem Tode Gottes und der Zerstörung der alten Werte ist ihm zufolge der Horizont wieder frei für freies schöpferisches Tun, für das Setzen neuer, eigener Werte, für eine Umwertung der Werte. Wichtig ist ihm dabei, dass man den Versuch aufgibt, vom Standpunkt Gottes her zu denken. Statt sich an die Illusion absoluter Werte und Wahrheiten zu halten, gelte es, bewusst von der eigenen Perspektive aus die Welt zu betrachten. „Wir können [eben] nicht um unsre Ecke sehen"[11]; es ist eine hoffnungslose Neugierde, die Perspektive eines konkreten, kulturgebunden Menschen hinter sich lassen zu wollen:

> Einen neuen Stolz lehrte mich mein Ich, den lehre ich die Menschen: nicht mehr den Kopf in den Sand der himmlischen Dinge zu stecken,

> sondern ihn frei zu tragen, einen Erden-Kopf, der der Erde Sinn schafft![12]

Wie Marx richtet sich Nietzsche gegen die Jenseitsvertröstung und plädiert für die Selbstbestimmung und Selbstgesetzgebung des Menschen im Diesseits. Er unterscheidet sich von Marx aber durch die Frage, warum überhaupt eine gerechte Ordnung angestrebt wird. Für Nietzsche gilt als alleiniges (Wahrheits-) Kriterium die Bejahung des Lebens (*dieses* Lebens), der Wille zum Leben und der *Wille zur Macht* eines/r jeden Einzelnen. Eine solche Bejahung des eigenen konkreten Lebens, wie es ist, gipfelt für Nietzsche in der Vorstellung und Bejahung einer *ewigen Wiederkehr des Gleichen.* Nietzsche fordert, jede einzelne Entscheidung mit dem Gedanken zu treffen, dass sie ewig wiederkehren wird. Um dies wollen zu können, um das eigene Schicksal lieben zu können (*amor fati*), sei es nötig, wirklich zu wählen, zu handeln, zu leben, zu sein. Erst wenn es gelinge, ganz und gar immer dieses Leben zu wollen, könne der Mensch ohne Gott glücklich werden. Da dies der „schwerste Gedanke" ist, der dem Menschen geradezu Übermenschliches abverlangt, fordert Nietzsche nach der Überwindung der Religion und der Überwindung der lebensverneinenden klassischen Moralvorstellungen zugunsten eines selbstbestimmten Lebens „jenseits von Gut und Böse" die Überwindung des Menschen durch den *Übermenschen*: „*Todt sind alle Götter: nun wollen wir, dass der Übermensch lebe.*"[13]

Mit dieser Forderung nach dem Leben des Übermenschen wird deutlich, wer in Nietzsches Philosophie auf der Strecke bleibt: All jene, die nicht die Kraft haben, sich über ihre namenlosen Leiden zu erheben und die in diesem Leben zerbrechen, all jene eben, die eine ewige Wiederkehr des Gleichen nicht ertragen können. Diese Schwachen und Kleinen, auf die Nietzsche immer wieder verächtlich herabschaut, sind es aber, die durch Botschaft und Leben Jesu in besonderer Weise gewürdigt werden.

Doch Nietzsche hat auch diesen Einwand bereits vorausgesehen. Seine Radikalität besteht darin, dass er die in diesem Einwand vorausgesetzten Werte kritisch hinterfragt. Wie Feuerbach erkennt er im Christentum den Versuch, die Ideale von Liebe, Moralität und Erkenntnis auf Gott zu projizieren. Doch anders als Feuerbach versucht er nachzuweisen, dass diese Ideale gar nicht so erstrebenswert sind, wie uns das Christentum weismachen will. Während Feuerbachs Kritik darauf hinausläuft, der christlichen Botschaft vorzuwerfen, dass sie viel zu schön ist, um wahr zu sein, setzt Nietzsche noch grundsätzlicher an: er bezweifelt die Schönheit der christlichen Botschaft; d.h. er will zeigen, dass es gar nicht schön wäre, wenn sie wahr wäre.

In dem Mitleid und der Hingabe für den hilfsbedürftigen Anderen beispielsweise sieht Nietzsche nicht die höchste Form der Moralität und ein vorbildliches Verhalten zugunsten der Schwachen, sondern eine uneingestandene Eitelkeit.

> Die Wahrheit ist: im Mitleid ... denken wir zwar nicht mehr bewusst an uns, aber *sehr stark unbewusst* ... Der Unfall des Anderen beleidigt uns, er würde uns unserer Ohnmacht, vielleicht unserer Feigheit überführen, wenn wir ihm nicht Abhülfe brächten.[14]

Mitleid erscheint in dieser Perspektive als das Gegenteil der selbstlosen Haltung, die es vorgeblich darstellt. Mitleid ist Nietzsches Diagnose zufolge eigentlich eine Form von Verachtung. Wir fühlen uns der Person überlegen, die wir bemitleiden, und genießen das gute Gefühl, das es uns bereitet, ihr zu helfen. Die Hochachtung des Mitleids in unserer Kultur hält Nietzsche deshalb für eine moralische Mode, die auch wieder vergehen wird.

Bemüht man sich, den Impuls für das Mitleid dadurch abzusichern, dass man es auf ein objektives Sittengesetz wie den Kategorischen Imperativ zurückführt, meint Nietzsche auch diese Vorgehensweise als Selbstsucht entlarven zu können.

> Wie? Du bewunderst den Kategorischen Imperativ in dir? Diese ‚Festigkeit' deines sogenannten moralischen Urtheils? Diese ‚Unbedingtheit' des Gefühls ‚so wie ich, müssen hierin Alle urtheilen'? Bewundere vielmehr deine *Selbstsucht* darin! Und die Blindheit, Kleinlichkeit und Anspruchslosigkeit deiner Selbstsucht! Selbstsucht nämlich ist es, *sein* Urtheil als Allgemeingesetz zu empfinden; und eine blinde, kleinliche und anspruchslose Selbstsucht hinwiederum, weil sie verräth, dass du dich selber noch nicht entdeckt, dir selber noch kein eigenes, eigenster Ideal geschaffen hast: – diess nämlich könnte niemals das eines Anderen sein, geschweige denn Aller, Aller! – – Wer noch urtheilt ‚so müsste in diesem Fall Jeder handeln', ist noch nicht fünf Schritt weit in der Selbsterkenntnis gegangen.[15]

Verteidigt man den Impuls des Mitleids und der Moralität dadurch, dass man darauf hinweist, dass echtes Mitleiden in der Liebe gründet und echte Liebe das Gegenteil von Selbstsucht darstellt, greift Nietzsche auch direkt den Basiswert und die wichtigste Intuition des Christentums an: das Vertrauen in die Liebe. Auch in der Liebe sieht er Eitelkeit und Selbstsucht am Werk. Wir lieben den Anderen Nietzsche zufolge nicht um seiner selbst willen, sondern wegen der guten

Gefühle, die die Liebe zu ihm in uns auslöst. Und wer könnte bestreiten, dass Liebe ebenso wie jedes Handeln um des Anderen willen gute Gefühle verursacht! Dennoch wird man wohl darauf bestehen können, dass diese guten Gefühle nicht der Grund, sondern die Folge der eigenen Hingabe sind. Beweisen kann man dies zwar nicht, aber man wird an dieser Stelle mit Nietzsche den Streit austragen müssen, welche Interpretation der Liebe der Wirklichkeit eher gerecht wird.

Diese Auseinandersetzung wird uns im nächsten Kapitel noch einmal beschäftigen. An dieser Stelle ist es nur wichtig, sich bewusst zu machen, dass Nietzsche uns nicht zu einem zügellosen und egoistischen Leben auffordern will. Er bekämpft nicht die Liebe oder die Moralität, sondern nur eine bestimmte Interpretation von ihnen. Genauerhin bekämpft er die Interpretation, dass Liebe und Moralität von außen kommen und von der Wirklichkeit gefordert werden. Theologisch gesprochen geht es ihm also darum, jede Interpretation zu bekämpfen, die in Liebe und Moralität so etwas wie ein Offenbarungsereignis sieht. Die eigene Würde in diesen Gefühlen kommt ihm zufolge nicht durch eine fremde Instanz wie Gott, sondern aus uns selbst. Von daher dürfte Nietzsche derjenige Denker sein, der dem christlichen Offenbarungsglauben am Radikalsten jede Plausibilität bestreitet.

2.4 Sigmund Freud

Aber auch die Religions- und Offenbarungskritik von Sigmund Freud (1856-1939) erschüttert den Glauben in seinen Grundfesten. Freud hält Religion für eine Art seelischer Krankheit. Er glaubt, mit Hilfe seiner psychoanalytischen Methode einen engen Zusammenhang zwischen Gottesglauben und Elternkomplex aufzeigen zu können. Religiöser Glaube sei ein sicheres Zeichen dafür, dass ein Mensch nicht erwachsen geworden sei. Der persönliche Gott sei aus psychologischer Sicht nichts anderes als ein fiktiver Über-Vater, den es eigentlich im Prozess des Erwachsenwerdens vom Sockel zu stoßen gelte. Gott müsse als eine infantile Illusion derjenigen Menschen entlarvt werden, die sich seiner angesichts der unkontrollierbaren Mächte von Natur, Schicksal und Tod behelfen, um ihre Angst, assoziiert mit der Erfahrung frühkindlicher Hilflosigkeit, zu überwinden. Als letztlich aus dem Ödipuskomplex herrührende Zwangsneurose sei sie unweigerlich zum Untergang verurteilt.

Die Hartnäckigkeit religiöser Vorstellungen führt Freud auf die große Kraft der ihnen zugrunde liegenden menschlichen Wünsche und Bedürfnisse zurück. Die Religion halte sich allein wegen der Massivität unserer Wünsche nach Schutz vor den Gefahren des Lebens, nach Gerechtigkeit, nach einem Leben über den Tod hinaus, etc. Die Religion gründe allein in Illusionen, die „Erfüllungen der ältesten, stärksten, dringendsten Wünsche der Menschheit“ versprächen; „das Geheimnis ihrer Stärke ist die Stärke dieser Wünsche.“[16]

Freud gibt allerdings zu, dass die Wirklichkeit des vom Menschen Ersehnten nicht ausgeschlossen werden könne; Illusion sei nicht gleichbedeutend mit Irrtum. Von daher sei es nicht beweisbar, dass die Offenbarungsbehauptungen der Religionen trügerisch seien. Aber die Annahme ihrer Wahrheit sei angesichts ihrer psychologischen Herleitbarkeit so unwahrscheinlich, dass ein erwachsener Mensch unserer Zeit ihr nicht intellektuell redlich Vertrauen schenken könne.

> Religion ist ein Versuch, die Sinneswelt, in die wir gestellt sind, mittels der Wunschwelt zu bewältigen, die wir infolge biologischer und psychologischer Notwendigkeiten in uns entwickelt haben. Aber sie kann es nicht leisten. Ihre Lehren tragen das Gepräge der Zeiten, in denen sie entstanden sind, der unwissenden Kinderzeiten der Menschheit. Ihre Tröstungen verdienen kein Vertrauen.[17]

Freuds Argumentation lässt sich nicht mit dem Hinweis auf den Genese-Geltungs-Fehlschluss widerlegen, da er diesen Einwand selbst schon bedenkt. Man wird allerdings fragen dürfen, ob sich die Genese der Religion tatsächlich so leicht psychologisch erklären lässt und ob seine grundlegende These, dass Religion am Erwachsensein hindert, gerechtfertigt ist. Nicht umsonst gibt es mittlerweile eine Reihe von psychoanalytisch geschulten Autoren, die aufweisen, wie Religion den Menschen im Prozess von Emanzipation und Selbstbestimmung unterstützen kann.

Alle vier vorgestellten „Meister des Argwohns“ legen zwar keine zwingenden Argumente gegen den christlichen Glauben vor. Nichtsdestoweniger bieten sie wichtige Anregungen, die bei einer Verantwortung des eigenen religiösen Glaubens vor der Vernunft zu bedenken sind. Sie werfen Fragen auf, die bei der Explikation des Offenbarungsglaubens im Auge bleiben müssen. Sie führen hin zu der alles entscheidenden Frage, ob die wesentlichen Gehalte des Christentums aus den Sehnsüchten und Wünschen des Menschen resultieren oder ob sie aus dem Offenbarungshandeln Gottes gefolgert werden. Sie setzen kritische Standards, deren Problemniveau eine christliche Offenbarungstheologie nicht unterbieten darf.

Literatur

Küng, Hans, Existiert Gott? Antwort auf die Gottesfrage der Neuzeit, München-Zürich 1978 (Nachdruck 2008) *(äußerst klar und verständlich geschriebene, umfassende Einführung; bietet immer noch einen lesenswerten Überblick zu den Religionskritikern).*

Weger, Karl-Heinz (Hg.), Religionskritik, Graz-Wien-Köln 1991 (Texte zur Theologie: Abt. Fundamentaltheologie; 1) *(umfassende Textsammlung von Xenophanes bis zu den 80er Jahren des 20. Jahrhunderts).*

3. Offenbarung und religiöse Erfahrung

Die Standardantwort auf den religionskritischen Einwand, dass die Gehalte der Religion nichts als die Widerspiegelung menschlicher Sehnsüchte und Wünsche darstellen, besteht in der Behauptung, dass der religiöse Glaube in religiösen Erfahrungen gründet. Die Rede von Offenbarung kann man in dieser Perspektive als Chiffre für verlässliche religiöse Erfahrungen ansehen. Religion ist demzufolge keine Projektion, weil sie sich aus tatsächlich geschehenen Widerfahrnissen speist. Diese Widerfahrnisse meinen nicht Sondererfahrungen, die nur religiöse Menschen machen, sondern Erfahrungen, die jeder macht und die dazu einladen, sich die Wahrnehmung eines neuen Aspekts der Wirklichkeit erschließen zu lassen.

Die klassische Antwort auf die Religionskritik besteht darin, den religiösen Glauben in Widerfahrnissen oder Erscheinungen zu gründen, die dem eigenen Projizieren uneinholbar vorausliegen. Dieser Zugang zum Verstehen und zur Verteidigung von Offenbarung gründet oft in dem ältesten, die biblische und frühpatristische Zeit dominierenden Offenbarungsmodell im Rahmen christlicher Theologie. Man könnte hier auch von einem *epiphanischen Offenbarungsverständnis* sprechen. Offenbarung wird als *göttliche Erscheinung* gedacht. Das Modell speist sich aus der frühchristlichen Euphorie der Naherwartung und des unmittelbaren Erlebens der Gegenwart Christi als des Auferstandenen. Aufgrund der Verzögerung der Wiederkunft Christi und philosophischen Auseinandersetzungen um das richtige Glaubensverständnis hatte dieses Modell selbst in der alten Kirche nicht lange Bestand. Gleichwohl erfreut es sich nicht zuletzt in evangelikalen Kreisen auch heute noch großer Beliebtheit.

Letztlich gründet es in der Behauptung, dass bestimmte Menschen eine Erfahrung mit Gott gemacht haben und dadurch gar nicht anders können als zu glauben. So wie die Jünger und Jüngerinnen den Auferstandenen gesehen haben und dadurch aus ihrer Not und Bedrängnis gerettet wurden, so können auch wir heute die Gegenwart Christi erleben und auf diesem Erleben unseren Glauben gründen – so lautet hier das Argument. Selbst wenn mir persönlich eine solche Erscheinung verwehrt bleibt, kann ich aufgrund des apostolischen Zeugnisses und aufgrund der glaubwürdigen Erzählungen derjenigen, die Jesus erfahren haben, an Gott glauben. In katholischen Kreisen übernimmt oft Maria die Funktion, die in evangelikalen Gruppierungen dabei ausschließlich Jesus selbst zukommt. Auch hier sind es dann Erscheinungen und direkte Erfahrungen, die die Wahrheit des Offenbarungsglaubens verbürgen. Da solche Erscheinungen alleine in der Außenwahrnehmung nicht von Halluzinationen unterscheidbar sind, werden diese Erscheinungen häufig mit der Mitteilung unerklärlichen Wissens oder mit unerklärlichen Krankenheilungen verbunden. In der Regel sind das dann – zumindest in katholischen Kreisen – Erfahrungen, die man nicht selbst gemacht hat, sondern die man nur vom Hörensagen kennt. Bei Evangelikalen ist – ähnlich wie in manchen mittelalterlichen Frauenklöstern – die Tendenz größer, zu behaupten, dass man tatsächlich selber Jesus erfahren hat. Allerdings stellt sich bei Nachfragen in der Regel heraus, dass diese Erfahrungen stark abhängig von den Erfahrungen einer Gruppe sind. In der Gruppe ergibt sich dann eine Dynamik, bestimmte Erfahrungen machen zu wollen und diese dann als Erfahrung mit Jesus zu deuten. Insofern wird man hier kaum von Widerfahrnissen sprechen können, denen man im Letzten trauen kann.

Von daher ist eine solche Art der Verantwortung des Glaubens nicht mit der in der Aufklärung entwickelten Grundhaltung vereinbar. Lessing würde hier von einem garstig breiten Graben sprechen, der mich von denen trennt, denen die Erscheinung Jesu oder Mariens tatsächlich widerfahren ist. Für einen von der Aufklärung geprägten Menschen ist es schlicht unredlich, aufgrund der Erfahrungen anderer zu glauben. In jedem Fall handelt es sich um eine unzulässige Immunisierung des eigenen Erkenntnisstandpunkts, wenn man den eigenen Glauben auf Erfahrungen gründet, die man nur selbst oder die nur ein kleiner Personenkreis gemacht hat. Der Atheist, der diese Erfahrung nicht gemacht hat, kann dann nur ratlos feststellen, dass er nicht glauben kann, weil Gott ihm offensichtlich die Erfahrung verwehrt, die andere gemacht haben – eine Position, die im Übrigen auch ein schlechtes Licht auf Gott werfen würde, wenn sie der Wahrheit entspräche, und von daher ein starkes Argument gegen den religiösen Glauben darstellt. Denn warum sollte sich Gott bestimmten Menschen offenbaren, andere aber im Dunkeln tappen lassen? Zumindest dem christlichen Gott der Liebe wird man ein solches Verhalten nicht zurechnen dürfen.

Es kommt aber noch ein zweiter Aspekt hinzu, der es einem aufgeklärten Menschen schwer macht, besonderen religiösen Erfahrungen als Glaubensgrund zu trauen. Ganz offensichtlich hängen unsere Erfahrungen in einem sehr starken Maße von unserem Weltbild ab. Inuit beispielsweise kennen zehn verschiedene Namen für „weiß“ und machen offensichtlich ganz andere, zumindest viel nuanciertere Erfahrungen in einer weißen Umgebung als Mitteleuropäer. Auch bei religiösen Erfahrungen ist es sehr auffällig, dass es fast immer katholisch geprägte Gegenden sind, in denen Marienerscheinungen wahrgenommen werden. Marias auffälliges Fehlen im protestantischen Nordeuropa könnte man vielleicht noch damit erklären, dass es ihr dort zu kalt ist. Schließlich ist sie von Israel her andere Temperaturen gewohnt. Aber Argwohn erregt es schon, dass Maria auch in wärmeren Gefilden erst dann erscheint, wenn Katholiken da sind. Umgekehrt treiben sich die hinduistischen Götter dagegen offenbar besonders gerne in Indien herum – also da wo Hindus leben.

Die einfachste Erklärung für diese offensichtliche Tatsache liegt darin, dass die Erwartungshaltung der Gläubigen maßgeblich das mitprägt, was sie bei einer religiösen Erfahrung wahrnehmen. Dies sollte uns nun aber vorsichtig machen, unseren Glauben auf Erfahrungen zu stützen, die nur bestimmte Menschen gemacht haben. Ja, es sollte uns selbst im Blick auf unsere eigenen Erfahrungen skeptisch werden lassen. Können wir wirklich sicher sein, dass es sich um religiöse Erfahrungen handelt? Oder stammt das religiöse Element in ihnen aus unserem religiösen Weltbild und wird durch unseren Intellekt bzw. unsere Erwartungshaltungen an sie herangetragen? Erfahre ich die Nähe Jesu vielleicht nur, weil ich sie erfahren will? Und handelt es sich bei diesen scheinbar von außen kommenden Widerfahrnissen am Ende doch um Projektionen und das Ergebnis unserer Sehnsüchte?

Solange man religiöse Erfahrungen als besondere Erfahrungen versteht, die nur bestimmte Menschen machen, kann man diesen Fragen nicht wirkungsvoll entgegentreten. Der Rekurs auf nur von religiösen Menschen gemachte Erfahrungen ist offenbar Wasser auf die Mühlen der religionskritischen Rückfrage und Nahrung für eine Hermeneutik des Verdachts. Deshalb ist es zumindest in liberalen theologischen Ansätzen üblich geworden, religiöse Erfahrungen nicht als besondere Erfahrungen zu verstehen, die nur religiöse Menschen machen, sondern als Miterfahrungen, die jeder Mensch macht, die aber erst vor dem Hintergrund eines religiösen Weltbildes ins Bewusstsein treten. Unabhängig von diesem religiösen Weltbild

Hase-Enten-Kopf (H-E-Kopf)

müsste dann dafür geworben werden, dass das (auch für Atheisten) in der jeweils gemachten Erfahrung ansichtig Gewordene erst dann angemessen gewürdigt wird, wenn man es zumindest auch religiös interpretiert.

Ein hilfreiches Erklärungsmodell für das Verstehen von Offenbarung im Zusammenhang solcher allen Menschen zugänglichen Erfahrungen kann durch den Verweis auf das Phänomen von Aspektwahrnehmungen gewonnen werden. Dieses etwa bei dem österreichischen Philosophen Ludwig Wittgenstein (1889-1951) analysierte Phänomen lässt sich anhand von Kippbildern illustrieren. Bei Kippbildern handelt es sich um Bilder, die je nach Betrachtungsweise ein völlig anderes Bild ergeben bzw. heterogene Aspektwahrnehmungen zulassen. Den oben abgebildeten Kopf kann man entweder als Hasen- oder als Entenkopf sehen, ohne sich unbedingt dessen bewusst zu sein, dass man ihn dadurch *als* etwas Bestimmtes sieht. So kann man einfach einen Hasenkopf sehen, ohne sich dabei bewusst zu sein, dass man in Wirklichkeit gerade einen Hase-Enten-Kopf als Hasenkopf sieht, obwohl man ihn mit der gleichen Berechtigung auch als Entenkopf sehen könnte. In der Fähigkeit zum ‚Sehen-als', das sowohl vom Sehen als auch vom Deuten als solchem zu unterscheiden ist, sieht Wittgenstein eine zentrale menschliche Fähigkeit, die z.B. grundlegend für das Funktionieren von Metaphern ist. Gerade deshalb, weil die Art unserer Aspektwahrnehmungen in der Regel durch die Macht unserer Gewohnheit und Erziehung bestimmt wird, sieht Wittgenstein in der Fähigkeit zu Aspektwechseln auch eine wichtige Grundlage dafür, uns sensibel für die Andersartigkeit des Verstehens anderer Menschen zu machen.

Dabei darf man allerdings nicht übersehen, dass die Möglichkeit zum Vollzug von Aspektwechseln in unserer Grammatik begründet ist. Wenn ich zum Beispiel in meiner Grammatik keine Bezeichnung für Hasen habe und mir auch noch nie solche Tiere begegnet sind, kann ich noch so lange auf den H-E-Kopf stieren und werde ihn doch nie als H-E-Kopf wahrnehmen können, sondern dauernd einen Entenkopf sehen. Zwar muss ich niemals einem Hasen begegnet sein, um den H-E-Kopf als Hasenkopf sehen zu können. Und ich muss auch nicht an die Existenz von Hasen glauben, um die entsprechende Wahrnehmung zu haben. Aber es muss doch eine begriffliche Vorbereitung in meiner Grammatik gegeben sein, damit ich einen H-E-Kopf als H-E-Kopf sehen kann – eine begriffliche Vorbereitung, die man einem Hasenunkundigen beispielsweise durch das Zeigen von einem Hasen zuteil werden lassen kann.

Überträgt man das Aspektwahrnehmungsmodell auf religiöse Erfahrungen, so wird deutlich, dass auch diese Erfahrungen allererst möglich sind, wenn wir die Grammatik des Wortes „Gott" verstehen. Die Schwierigkeit besteht bei diesem Wort allerdings darin, dass man auf Gott nicht in der Weise zeigen kann wie auf einen Hasen. Aber man kann etwa ausgehend von den Geschichten religiöser Traditionen deutlich machen, was es bedeutet, in einem bestimmten Ereignis das Handeln Gottes zu sehen. Oft zeigt sich dabei, dass Nichtglaubende ein völlig falsches Verständnis davon haben, was Glaubende unter einem Handeln Gottes verstehen, so dass sie aufgrund ihrer Grammatik gar keine authentischen religiösen Erfahrungen machen können. Theologie kann hier helfen, in eine Sprache einzuführen, die es ermöglicht, religiöse Aspekte in der Wirklichkeit allererst wahrzunehmen. Gelingt es auf diese Weise, die Grammatik einer Kritikerin für die begrifflichen Möglichkeiten einer religiösen Deutung einer Erfahrung zu öffnen, bedeutet dies natürlich nicht, dass diese Deutung von ihr auch vollzogen wird. So hat es bei den Aposteln offenbar eine ganze Weile gedauert, bis sie wahrnehmen konnten, dass Jesus und die auf ihn gesetzten Hoffnungen mit dessen Tod nicht erledigt waren. Und Paulus war die Grammatik christlichen Glaubens schon eine ganze Weile vor seinem Damaskuserlebnis bekannt und doch hörte er nicht damit auf, die Christen zu verfolgen. Denn erst durch die ihm widerfahrene Behebung seiner Aspektblindheit in einer konkreten Erfahrung, die er als Begegnung mit dem Auferstandenen bezeichnet, wird diese Grammatik zu seiner eigenen und gewinnt damit eine neue Bedeutung für ihn.

Ian T. Ramsey (1915-1972) hat für solche Erfahrungen, die mir eine neue Sicht der Wirklichkeit vermitteln, den Terminus *Erschließungserfahrung* geprägt. Mit Erschließungserfahrungen sind also Erfahrungen gemeint, die einem die Welt in einem neuen Licht erscheinen lassen. So wie sich einem in der Betrachtung eines Kippbildes auf einmal und plötzlich ein neuer Aspekt der Wirklichkeit erschließen kann, so wird auch im Offenbarungsgeschehen eine neue Dimension der Wirklichkeit sichtbar. Auf einmal wird die Blindheit für den religiösen Aspekt der Wirklichkeit behoben und ein neuer

Blick auf die Welt wird möglich. Durch das Offenbarungsereignis wird klar, dass die Wirklichkeit nur angemessen gewürdigt werden kann, wenn sie im Licht des Glaubens betrachtet und gedeutet wird.

Auch wenn die Erschließungserfahrung selbst unverfügbar und in keiner Weise andemonstrierbar oder herstellbar ist, so führt sie doch zu einer Art von Wahrnehmung, die auch für nichtreligiöse Menschen kommunikabel ist und die für sich beansprucht, die Wirklichkeit in all ihrem Facettenreichtum zu würdigen. Ebenso wie bei Aspektwahrnehmungen gilt auch hier: Die neue Betrachtungsweise ersetzt die alte nicht noch bleibt sie einfach unverbunden neben ihr stehen. Zwar kann ich das H-E-Bild nicht zugleich als Hasen- und als Entenkopf sehen, aber ich kann doch den Hasenkopf in dem Bewusstsein sehen, dass es sich um einen H-E-Kopf handelt und dadurch die Wahrnehmung des Hasenkopfes relativieren und in einen umfassenderen Zusammenhang einordnen. Die umfassendere Perspektive, dic mein Sehen als Sehen des H-E-Kopfes als Hasenkopf charakterisiert, wird durch die Einsicht der Perspektivität der Wahrnehmung dabei keineswegs in erkenntniskritischer Weise relativiert. Eine totale Relativierung träte vielmehr erst dann ein, wenn ich jede neue Wahrnehmung als prinzipiell perspektivisch und unzutreffend ansehen würde.

Auf religiöse Offenbarungen angewandt bedeutet das, dass es sehr wohl möglich ist, bei ihnen von Aspektwahrnehmungen zu sprechen, ohne deswegen in einen haltlosen Relativismus zu verfallen. Wichtig ist nur, dass durch sie andere berechtigte Aspektwahrnehmungen nicht ausgeschlossen werden, sondern in eine reichere Perspektive eingefügt werden. Nach einem Aspektwechsel nehme ich etwas zwar unter dem neuen Aspekt wahr – und nicht unter dem neuen und alten zugleich. Aber ich kann diese verschiedenen Wahrnehmungsmöglichkeiten doch rekonstruieren und so in ein Gesamtkonzept integrieren. Dabei besteht der Witz religiöser Bekehrungserfahrungen darin, dass die neue Aspektwahrnehmung nur im Rahmen einer völlig neuen Gesamtdeutung der Wirklichkeit einholbar ist.

Aspektwahrnehmungen sind also immer punktuell und kontextgebunden und insofern zu unterscheiden von der Tatsache, dass ein religiöser Mensch insgesamt die Welt und alle Ereignisse in der Welt anders deutet als der nichtreligiöse Mensch. Sie scheinen mir deswegen am ehesten dazu geeignet zu sein, um zu erklären, was Offenbarung meint. Ich schlage jedenfalls vor, das Moment der Erfahrung als Offenbarung zu bezeichnen, das mir eine religiöse Aspektwahrnehmung erschließt. Die durch dieses Moment gewonnene neue Sichtweise auf die Welt, die beispielsweise alle Ereignisse in ihr als Gleichnisse der Liebe Gottes wahrnimmt und gleichsam wie ein Verliebter umdeutet, ist dann die Frucht der Offenbarung. In dieser durch einen Aspektwechsel ermöglichten neuen Sichtweise kann ich religiöse Erfahrungen machen, ja in allen meinen Erfahrungen erfahre ich auf dieser Basis eine religiöse Dimension. Diese Dimension muss dann aber als Würdigung der allen Menschen zugänglichen Wirklichkeit verständlich gemacht werden, ohne dass man die ihr zugrunde liegende Erschließungserfahrung irgendjemandem andemonstrieren könnte.

So könnte ich etwa die Geburt eines Kindes als so überwältigend-beglückendes Hereinbrechen erleben, dass sich mir durch diese Erfahrung das ganze Leben neu erschließt und mit Sinn füllt, weil mir der Unbedingtheitscharakter von Liebe plötzlich vor Augen tritt. Ohne eine religiöse Grammatik bzw. ohne Einbeziehung religiöser Sprachspiele könnte ich dann nicht angemessen ausdrücken, was ich in dieser Situation erlebt habe. Deshalb brauche ich aber selbstverständlich nicht zu leugnen, dass sich diese Geburt auch als völlig natürlicher Vorgang wahrnehmen lässt. Dennoch würde ich darauf bestehen, dass ich in der Erfahrung dieses Ereignisses als eines die Wirklichkeit neu erschließenden einen neuen Aspekt dieser Wahrnehmung zum Ausdruck bringe, die ich erst nachträglich in einer bewussten Deutung mit der ersten Wahrnehmung ausgleiche und die notwendig ist, wenn ich das Phänomen richtig erfassen will.

Im Blick auf Nietzsches oben referierte religionskritische Einwände könnte man sagen, dass an dieser Stelle die Auseinandersetzung darüber beginnt, welche Interpretation der Wirklichkeit am ehesten gerecht wird. Natürlich kann ich beispielsweise nicht beweisen, dass Moralität nicht eigentlich eine Form der Eitelkeit darstellt und dass es eine Liebe, die rein um des anderen willen geschieht, wirklich gibt. Man braucht ja auch nicht zu leugnen, dass sowohl die Liebe als auch ein moralisch gutes Handeln gute Gefühle in einem auslösen. Aber liebe ich wirklich primär um der guten Gefühle willen, die die Liebe bei mir auslöst? Ist das Moment der Hingabe in der Liebe an den anderen um seiner selbst willen wirklich nur Illusion? Muss man sich Mutter Teresa wirklich als Frau vorstellen, die letztlich aus einer großen Eitelkeit und geheimen Verachtung der Armen heraus gehandelt hat?

Ich denke, dass sich ganz unabhängig vom religiösen Glauben eine ganze Reihe von Erfahrungen und Argumenten dafür finden lassen, dass Liebe und Moralität, aber auch Erkenntnis und Wahrheitssuche nicht umfassend wahrgenommen werden, wenn man nicht das Moment der Selbstzwecklichkeit in ihnen sieht. Gerade Liebe wird erst angemessen wahrgenommen, wenn man den Aspekt der Zuwendung zum Anderen „um seiner selbst willen" würdigt. Das heißt nicht, dass man Liebe nicht auch unter dem Aspekt sehen darf, dass sie mich glücklich macht und gute Gefühle in mir auslöst. Aber wenn ich sie auf diesen Aspekt reduziere, sehe ich die Wirklichkeit nicht richtig.

Von daher könnte man dafür argumentieren, dass Nietzsche in seinem Verdacht zu weit geht. Die alles entscheidende Frage ist nun aber, woher ich die Gewissheit nehme, dass diese Erwiderung auf Nietzsche trägt. Woher kommt die Gewissheit, dass Liebe mehr ist als Selbstsucht, dass es eine letzte Hingabe gibt, die tatsächlich um ihrer selbst willen geschieht, dass – um es in letzter Zuspitzung zu sagen – Liebe stärker ist als der Tod? Woher kommt die Gewissheit, dass es Werte und Wahrheiten gibt, die ich unter keinen Umständen verraten darf, für die ich alles hinzugeben bereit sein muss und die auch über meinen Tod hinaus Bestand haben werden? Woher also kommt dieser Glaube? Diese Frage stellt sich auch dann, wenn man gegen Nietzsche an die Macht der Liebe glaubt und die Erfüllung sittlicher Ansprüche für einen der edelsten Züge des Menschen hält.

Hier kommt nun der oben referierte Projektionsverdacht der Religionskritiker ins Spiel. Lässt sich der Wechsel in der Aspektwahrnehmung im Blick auf die Wirklichkeit von Liebe, Moralität und Erkenntnis auf unsere Sehnsüchte und Wünsche zurückführen und aus unseren psychologischen, gesellschaftlichen und kulturellen Bedürfnissen ableiten? Oder kommt hier ein unverfügbares Moment der Erfahrung ins Spiel, das uns von außen her die Gewissheit gibt, dass wir der Liebe im Letzten trauen dürfen? Gibt es in der Erfahrung der Liebe nicht nur eine Sehnsucht nach mehr, sondern auch das Erleben einer von außen kommenden Verheißung von mehr? Gibt es im Hingeben des Lebens für den Anderen nur das Fordern von Sinn oder das Erleben eines mir vorgegebenen Sollens, das mich bedingungslos einfordert?

Wenn dieses Vertrauen, diese Verheißung und dieses Sollen im Letzten tragen sollen, muss ich in ihnen Gott selbst am Werk sehen. Dass Gott in ihnen am Werk ist, ist allerdings nichts, was sich aus dem Geschöpflichen ableiten ließe. Ja, es ist die Frage, wie es überhaupt erkannt werden könnte. Denn wie kann, um noch einmal die oben bereits erwähnte Frage Kants wieder aufzunehmen, sich das Unbedingte im Bedingten aussagen und wie kann das Bedingte im Bedingten das Unbedingte erkennen? Auch wenn man also kaum allgemein entscheiden kann, ob man den erwähnten Erfahrungen trauen darf, und auch wenn der religionskritische Projektionsverdacht als ständige Nachfrage präsent bleibt, wird man wenigstens kohärent zeigen müssen, wie Offenbarung überhaupt gedacht werden kann. Eben dies soll im Folgenden geschehen. Darüber hinaus wird man aber auch – wie oben bereits angedeutet – versuchen müssen, auf der Grundlage von Erfahrungen, die alle Menschen ganz unabhängig von ihrem Glauben machen, für eine religiös geprägte Wahrnehmung dieser Erfahrungen zu werben. Nur so kann der religionskritische Verdacht abgewehrt werden, dass es sich bei ihnen nur um Spiegelungen unserer Erwartungshaltungen und Wünsche handelt.

Literatur

Schillebeeckx, Edward, Erfahrung und Glaube. In: Christlicher Glaube in moderner Gesellschaft XXV, Freiburg–Basel-Wien 1980, 73-116 *(gute Einführung ins Offenbarungsthema im Blick auf Erfahrungsbezug).*

4. Offenbarung als Selbstmitteilung

Offenbarung wird in der modernen christlichen Theologie dialogisch-kommunikativ verstanden und näherhin als Selbstmitteilung Gottes gefasst. Gott bestimmt sich aus der Liebe heraus, die sein Wesen ausmacht, dazu, die Liebe des Menschen zu wollen und um freie Einstimmung des Menschen in seinen Liebeswillen zu werben. In seinem Offenbarungshandeln lädt er uns ein, seine liebende Begleitung unseres Lebens wahrzunehmen und uns ihm und seiner Fürsorge hinzugeben, indem wir in letzter Lebenshingabe der Liebe vertrauen.

Das Offenbarungsverständnis der christlichen Theologien hat sich im Laufe des 20. Jahrhunderts weithin von einem *instruktionstheoretischen* zu einem *kommunikationstheoretischen Offenbarungsverständnis* gewandelt. Im instruktionstheoretischen Modell, das noch die Offenbarungsvorstellung des Ersten Vatikanischen Konzils (1869/70) geprägt hat, wird Offenbarung als *belehrende Mitteilung* bzw. als Übermittlung von Daten verstanden. Offenbarung wird in dieser Sicht im Plural gedacht und bezeichnet die prozedural außergewöhnlichen Ereignisse, durch welche Gott die Glaubenswahrheiten dem Menschen zu Bewusstsein gebracht hat. Offenbarung wird also als Instruktion (Belehrung) über Sachverhalte gedacht, die der autonomen Vernunft nicht zugänglich sind. Etwas überspitzt könnte man Offenbarung nach diesem Verständnis als „himmlische Paketsendung" bezeichnen. Aufgabe der Fundamentaltheologie ist es in diesem Modell, ohne Öffnen des Pakets durch Prüfung von Absenderangabe und Postweg die übernatürliche Herkunft des Pakets nachzuweisen. Aufgabe der Dogmatik wäre es, das Paket zu öffnen und seine Inhalte zu ordnen, ohne sie an irgendeiner Stelle kritisch zu hinterfragen.

Es ist klar, dass ein solches Offenbarungs- und das damit zusammenhängende Wunderverständnis und Vernunftkonzept angesichts der Problemstellungen von Aufklärung und Religionskritik nicht länger Bestand haben kann. Es ist geradezu eine Einladung für den Projektions- und den Heteronomieverdacht (Heteronomie = Fremdbestimmung). Denn wie sollte man als selbstbestimmter Mensch eine Offenbarungsbehauptung akzeptieren, ohne ihren Inhalt einer kritischen Überprüfung zu unterziehen? Und was liegt näher, als hinter den aufgebauschten Machtansprüchen eines solchen Offenbarungsanspruchs eine Projektion eigenen Machtstrebens zu vermuten? Das Hauptproblem des instruktionstheoretischen Offenbarungsmodells liegt aber darin, dass es nicht dazu geeignet ist, den wichtigsten Inhalt der christlichen Offenbarungsbotschaft zu explizieren, nämlich den, dass Gott die Liebe ist. Der Inhalt der christlichen Botschaft gerät hier in Konflikt mit der Art, wie dieser Inhalt vermittelt wird.

Ich möchte diesen Sachverhalt im Folgenden erläutern, indem ich ein Märchen nacherzähle, das der dänische Philosoph Søren Kierkegaard (1813-1855) entwickelt hat, um die Grundidee des christlichen Glaubens an die Menschwerdung Gottes anschaulich zu machen[18]: Es war einmal ein König, der die Liebe eines armen Mädchens gewinnen wollte. Der König war so mächtig, dass er sich und ihr jeden Wunsch erfüllen konnte. Jeder Staatsmann und jeder Wirtschaftsboss fürchtete seinen Zorn, und jeder fremde Staat zitterte vor seiner Macht. Alle Menschen unterstützten ihn deshalb in seiner Absicht, und er konnte das Mädchen problemlos zwingen, ihn zu heiraten und mit ihm zu schlafen. Solcher Zwang war bei dem Mädchen allerdings vollkommen überflüssig, weil es begeistert die Nähe seiner Macht und Herrlichkeit suchte und nichts lieber wollte, als an der Seite des Königs zu sein.

Doch trotz dieser Machtfülle und trotz der Bereitschaft des Mädchens gibt es für den König unter den beschriebenen Voraussetzungen als König keine Möglichkeit, die Liebe des armen Mädchens zu gewinnen. Denn die wahre Liebe des Mädchens kann er nur gewinnen, wenn er sich auf die gleiche Ebene mit ihm begibt. Von daher genügt es nicht, ihr einen Liebesbrief zu schreiben und sie im Übrigen in ihren ärmlichen Verhältnissen zu belassen. Erhebt er das Mädchen aber zu sich und macht es zur Königin, so können weder er noch das Mädchen sicher sein, ob es wirklich ihn liebt oder nicht nur vom Glanz der neu gewonnenen Möglichkeiten geblendet ist. Die einzige Chance, seine Liebe in verlässlicher Weise zu gewinnen, ist die, Knecht zu werden und so an (fehlender) Machtfülle ganz und gar ihm gleich zu sein.

Diese Notwendigkeit besteht in gleicher Weise für Gott in seiner schlechthin grundlosen und unableitbaren Liebe zum Menschen. Es genügt nicht, wenn Gott uns seine Liebe in einer Offenbarungsschrift wie der Bibel, dem Qur'an oder einem anderen Werk mitteilt. Das wäre wie der Liebesbrief des Königs, der das Mädchen gleichwohl in seinen ärmlichen Verhältnissen belässt. Es ist auch keine Lösung, wenn Gott den Menschen in die ewige Seligkeit seiner Anschauung erschafft, weil der Mensch angesichts dieser Begegnung mit der überwältigenden Herrlichkeit Gottes niemals die Möglichkeit hätte, sich in Freiheit zur Liebe Gottes zu entscheiden. Die Zuwendung zu Gott wäre hier geradezu durch den Glanz und die Pracht seiner Anschauung erzwungen; sie würde aber nicht aus einer freien Wahl erfolgen und wäre von daher keine Liebe. Denn das Gesetz der Liebe ist die Freiheit. Liebe ist das einzige, das sich per definitionem durch keine Macht und Gewalt des Himmels und der Erde erzwingen lässt. Liebe braucht Freiheit, um Wirklichkeit sein zu können. Nur wenn Gott uns bedingungslos in die Freiheit entlässt, kann er unsere Liebe gewinnen. Nur wenn es keine uns überwältigende Evidenz ist, die uns zum Glauben zwingt, kann es die Freiheit und die Liebe sein, die uns zu ihm „Ja“ sagen lässt. Wenn Gott also unsere Liebe gewinnen will, muss er ein Mensch werden, Knechtsgestalt annehmen und auf alle Machtfülle verzichten.

> Denn das ist die Unergründlichkeit der Liebe, nicht zum Spaß, sondern in Ernst und Wahrheit von gleicher Art wie der Geliebte sein zu wollen, und dies ist die Allmacht der entschlossenen Liebe, das zu können, was weder der König noch Sokrates vermochten, weshalb ihre angenommene Gestalt doch eine Art Betrug war.[19]

Anders als der König in der Geschichte nimmt Gott die Knechtsgestalt also nicht nur zum Schein an, sondern gibt sich ganz und gar dem von ihm aus Freiheit gewählten Gegenüber in dieser Gestalt hin. Gott kehrt – wie bereits Friedrich Wilhelm Josef Schelling (1775-1854) deutlich macht – sein Innerstes nach außen, setzt sich dem Menschen aus und offenbart sich so in seiner Schwäche für den Menschen. Denn Gott will nichts als die Liebe des Menschen und ist bereit, dafür alle Auswirkungen der von ihm umworbenen Freiheit auf sich zu nehmen und den Menschen also nur mit den Mitteln der Liebe für sich zu gewinnen. Deshalb gilt:

> Aber die Knechtsgestalt war nicht bloß angenommen, deshalb muß der Gott alles leiden, alles dulden, alles versuchen, in der Wüste hungern, in Qualen dürsten, im Tode verlassen sein, absolut gleich dem Geringsten – sehet, welch ein Mensch! ... Jede andere Offenbarung wäre für die Liebe ein Betrug, weil sie entweder zuerst eine Veränderung mit dem Lernenden vorgenommen haben müßte ... und vor ihm verborgen hielte, daß dies notwendig war, oder leichtsinnig darüber unwissend geblieben sein müßte, daß das ganze Verständnis eine Täuschung war.[20]

Die einzige Möglichkeit für den vom Christentum verkündigten Gott der Liebe, unsere Liebe zu gewinnen, besteht also darin, dass er Knechtsgestalt annimmt und uns so in der Preisgabe seiner Macht und Herrlichkeit auf der Ebene unseres Seins von gleich zu gleich umwirbt. Denn die Zusage von Liebe ist ohne demütige Selbsterniedrigung hin zur Ebene des Anderen nicht möglich. In diesem Sinne zeigt sich auch Gottes Souveränität und Freiheit darin, dass er auf seine Unabhängigkeit vom Menschen verzichtet und sich von ihm bestimmen lassen will, indem er Knecht wird und um die Liebe des Menschen wirbt.

Diese vor allem von Schelling und Kierkegaard vorgetragenen Überlegungen führten dazu, dass sich im Laufe des 19. Jahrhunderts immer mehr ein Verständnis von Offenbarung verbreitete, das Offenbarung nicht mehr als belehrende Mitteilung übernatürlicher Inhalte, sondern als Selbstmitteilung Gottes fasste. In der katholischen Theologie dauerte es dennoch bis weit ins 20. Jahrhundert hinein, bis das alte instruktionstheoretische Offenbarungsverständnis durch ein modernes dialogisch-kommunikatives Verständnis abgelöst wurde.

Spätestens seit dem Zweiten Vatikanischen Konzil (1962-65) wird Offenbarung aber auch in der katholischen Theologie – ganz ähnlich wie vorher schon in der evangelischen Theologie – als Nahekommen der erlösenden Wirklichkeit Gottes selbst verstanden. Diesem *kommunikationstheoretischen Offenbarungsverständnis* zufolge wird Offenbarung nicht als Mitteilung von Sachverhalten, sondern als Mitteilung von Gottes eigenem Wesen und damit als personale Selbstmitteilung Gottes verstanden. Gott verschickt demnach kein Paket und will den Menschen auch nicht durch eine Erscheinung überwältigen, sondern er sucht als Person selbst Gemeinschaft und Kommunikation mit dem Menschen, indem er sich auf dessen Ebene begibt. Die *eine* Offenbarung, von der her sich jede Rede von Offenbarung erschließt, ist aus christlicher Perspektive damit die *Selbstoffenbarung* bzw. *Selbstmitteilung Gottes in Jesus Christus*. Sie schenkt dem Menschen eine lebensverwandelnde und -erneuernde Gemeinschaft, indem sie ihn in die Gemeinschaft und Beziehung aufnimmt, die der trinitarische Gott ist.

Dieses moderne Verständnis von Offenbarung, das theologischerseits maßgeblich von den noch ausführlich zu besprechenden Theologen Karl Barth und Karl Rahner geprägt ist, leugnet natürlich nicht, dass Offenbarung auch den Charakter einer Epiphanie oder instruktionstheoretisch verwertbare Elemente haben kann. Diese Elemente werden freilich von der personalen Beziehung Gottes zum Menschen her interpretiert.

Lehramtlich erlebt dieses dialogisch-kommunikative Modell in der katholischen Kirche den Durchbruch auf dem Zweiten Vatikanischen Konzil in der Dogmatischen Konstitution über die göttliche Offenbarung *Dei Verbum*. Bereits im zweiten Kapitel dieses Dokuments wird Offenbarung als ein interpersonales Geschehen der Begegnung von Gott und Mensch und als dialogischer, auch die Leibhaftigkeit und Sinnenhaftigkeit des Menschen einbeziehender Vorgang beschrieben. Offenbarung wird hier lehramtlich erstmals als Selbstmitteilung Gottes in Jesus Christus definiert:

> Gott hat in seiner Güte und Weisheit beschlossen, sich selbst zu offenbaren und das Geheimnis seines Willens kundzutun … In dieser Offenbarung redet der unsichtbare Gott aus überströmender Liebe die Menschen an wie Freunde (Dei Verbum 2).

Eben weil Gott diesen Schritt getan hat, dass er uns in der Knechtsgestalt Jesu Christi gegenübertritt, kann er uns wie Freunde ansprechen und uns zu seiner Liebe einladen.

4.1 Trinitätstheologische und christologische Voraussetzungen

Voraussetzung dieses Verständnisses von Offenbarung als Selbstmitteilung ist eine Auffassung von Gott, bei der bereits im Wesen Gottes eine Differenz eingetragen ist, die es erlaubt, die uneingeschränkte Seinsfülle des Wesens Gottes von seinem Wesenswort zu unterscheiden. Nur wenn in Gott immer schon sein Wort (Logos) ist, in dem Gott sich selber sagt, dann kann Gott sich uns in einer Offenbarung selber mitteilen. Nur weil Gott in seinem Wesen bereits das Sich-Geben im Wort ist, kann das Wort Gottes, das uns in Jesus Christus begegnet, Gott selber sein. Nur wenn es in Gott eine Instanz gibt, die wirkliche Verschiedenheit von Gott im Wesen Gottes mit Gott zusammenhält, kann gedacht werden, dass Gott im Anderen seiner selbst er selber ist.

Derartige Reflexionen werden im Christentum innerhalb der Trinitätstheologie durchgeführt, um auf diese Weise Offenbarung als Selbstmitteilung verständlich zu machen. Gott Vater sagt sich selbst in seinem Wesenswort, dem Sohn, der für eine vollkommene Verschiedenheit von Gott steht, die in ihrer Verschiedenheit doch bleibend auf Gott bezogen und von ihm herkommend ist und so in diese Verschiedenheit hinein die göttliche Fülle der Liebe aussagt. Der

Heilige Geist ist dabei die Instanz, die die Einheit der Liebe auch durch die Verschiedenheit des Logos hindurch und von ihr herkommend allen Kreaturen erfahrbar macht.

Im Grunde soll die Trinitätstheologie nichts anderes verdeutlichen als den Glauben daran, dass Gott die Liebe ist. Gott ist nichts anderes als das „Sich-wechselseitige-Durchdringen" der verschiedenen göttlichen Personen: Gott als Vater, der ganz darin aufgeht, Ursprung und Urgrund zu sein und von dem alles innergöttliche Leben ausgeht, der also gewissermaßen Beziehungsstiftung ist; Gott als Sohn bzw. Logos, der ganz darin aufgeht, vom Vater her und auf den Vater hin zu sein, um so sein Wesen auszusagen und gerade so Gemeinschaft mit dem ganz und gar Anderen zu ermöglichen; und Gott als Geist, der als dieser ganz und gar Andere in Gott Einheit in Differenz verwirklicht und ganz und gar aus der Gemeinschaft mit Vater und Sohn und auf diese hin lebt. Alle drei Instanzen durchdringen sich wechselseitig und gehen auf in ihrem gegenseitigen Aufeinanderbezogensein.

Erst durch derartige trinitätstheologische Überlegungen kann gedacht werden, dass Gott nicht nur Liebe hat, sondern die Liebe ist. Denn Gott kann nur Liebe sein und nicht nur Liebe haben, wenn er relational strukturiert ist. Denn vollkommene Liebe ist immer ein Geschehen, das zwischen mehreren Personen oder Instanzen stattfindet. Ein Mensch alleine kann nicht lieben – jedenfalls gewinnt seine Liebe an Vollkommenheit, wenn sie sich auf einen anderen Menschen richtet. So kann auch Gottes Liebe nur als vollkommen gedacht werden, wenn Gott als Beziehungsgeschehen zwischen verschiedenen Personen bzw. Instanzen gedacht wird, wenn Gott in seinem Wesen relational strukturiert ist.

Da Gott trinitarisch strukturiert gedacht wird, kann in ihm also ein vollkommenes Sich-Geben in seinem Wesenswort gedacht werden, das uns in mitmenschlicher Gestalt berührt. Doch wie kann gedacht werden, dass die uns mitmenschlich berührende Gestalt tatsächlich Gott selber ist und wie kann die uns begegnende Knechtsgestalt als Gott der Liebe erkannt werden? Es stellen sich also zwei Fragen, die wir noch etwas näher bedenken müssen: 1. Wie kann Gott uns als Gott in seiner Liebe nahe sein, wenn er diese Liebe nur offenbaren kann, wenn er uns nicht in seiner Herrlichkeit gegenüber tritt? Oder anders gewendet: Wie kann Gott Knecht *werden* und doch gerade dadurch der Gott der Liebe *sein*, dem ich mich im Glauben überantworten kann? Neben dieser ontologischen Frage stellt sich aber auch die erkenntnistheoretische: 2. Wie kann der Mensch erkennen, dass ihm im Knecht Gott begegnet, ohne dass dadurch die Möglichkeit der

Liebe widerrufen würde? Wie kann also die Unerkennbarkeit Gottes gewahrt bleiben, die Voraussetzung dafür ist, dass die Zuwendung zum Knecht allein aus Liebe geschieht, ohne dass das Bekenntnis zum menschgewordenen Gott pure Willkür wird? Oder ist das Bekenntnis zum menschgewordenen Gott etwa schon als solches Widerruf der soeben konzipierten Menschwerdung Gottes, die ja nur erfolgt ist, um die Liebe des Menschen zu gewinnen?

Die erste der soeben gestellten Fragen ist keine andere als die nach dem Verhältnis von göttlicher und menschlicher Natur in Jesus Christus. Denn das Bekenntnis zur vollen Menschheit Jesu war der Alten Kirche nicht zuletzt deshalb so wichtig, weil nur bei der Wahrung der Integrität seiner menschlichen Natur Erlösung gedacht werden kann. Nur wenn Gott wirklich Knecht geworden ist und ganz und gar Mensch war, ist die letzte Hoffnung unserer Liebe erfüllt, ist die Offenbarung kein Betrug.

Doch andererseits gilt genauso, dass diese Knechtsgestalt nur dann unser Leben entscheidend verändert, wenn sie in strengem Sinne die Wirklichkeit des uns in Liebe zugewandten Gottes ist. Ist sie nicht die Wirklichkeit Gottes selbst, so ist dieser Knecht nur eine liebenswerte, aber letztlich gescheiterte Existenz zusätzlich im Vernichtungskampf der Geschichte. Wie kann nun aber gedacht werden, dass Jesus Christus zugleich Gestalt der göttlichen Liebe und doch ganz und gar Mensch ist?

Ein erfolgversprechender Weg zur Lösung könnte der sein, an der Struktur der Freiheit Jesu anzusetzen und zu zeigen, dass diese die Struktur des Wesensvollzugs des innertrinitarischen Logos abbildet. So wie der Logos dadurch geprägt ist, ganz vom Vater her und ganz auf den Vater hin zu sein, so geht auch Jesus von Nazareth darin auf, sich ganz und gar vom Willen seines himmlischen Vaters bestimmen zu lassen und in all seinem Tun auf ihn zu verweisen. So wie der innertrinitarische Logos den Geist haucht und damit jede Andersheit in die Einheit Gottes hineinvermittelt, so lädt Jesus von Nazareth alle Menschen gerade in ihrer Andersheit in die Einheit der Liebe Gottes ein. Man könnte die ontologische Besonderheit Jesu Christi also so fassen, dass er „seine personale Identität darin (findet; Vf.), Gottes Willen als den eigenen mitzuwollen und dafür da zu sein, dass dieser gute Wille geschehen kann. ... Es macht sein Menschsein aus, das Wesens-Wort Gottes zu sein.“[21]

Erkennbar wird dies einerseits durch Jesu besonders vertrauten Umgang mit seinem „Abba“ im Himmel. Jesus verkündet mit einer Vollmacht das Hereinbrechen der Königsherrschaft Gottes, dass man in ihm nichts anderes sehen kann als das Wesenswort dieses Gottes selbst. Zum anderen fällt auf, dass sein Umgang mit seinen Mitmenschen frei von jeder ausgrenzenden Angst gewesen zu sein scheint. Als begrenzter Mensch, der er war und blieb, musste er doch niemanden ausgrenzen, weil er oder sie ihm fremd war und dadurch Angst machte. So erwies er sich gegenüber allen ausgegrenzten Gruppen als der große Einladende und nahm Partei für die Menschen am Rande der Gesellschaft. Er machte Mut dazu, alle diskriminierenden Schranken einzureißen und lud alle nach der offiziellen Doktrin von Gottes Liebe Ausgesperrten zu seinen fröhlichen Gastmählern in den galiläischen Dörfern ein. Alle, die mitfeiern wollten, waren ihm willkommen.

Insofern wird man selbst in der Perspektive der historisch-kritischen Methode zum einen zugeben dürfen, dass Jesus sich vom Vater gesandt fühlte und seine Freiheit darin aufgehen ließ, auf seinen himmlischen Vater zu verweisen. Zum anderen wird man festhalten dürfen, dass es gerade diese Beziehung vom Vater her und auf den Vater hin war, die Jesus das Selbstbewusstsein gab, anderen Menschen Gemeinschaft mit Gott zu vermitteln und sie in ihrer Andersheit anzuerkennen.

Hält man also als grundlegende Identitätsmerkmale Jesu seine besondere Beziehung zum Vater und seine in dieser Beziehung wurzelnde erkennende Anerkennung anderer Freiheit fest, dann weist Jesu Freiheit genau die Merkmale auf, die auch den Wesensvollzug des innertrinitarischen Logos ausmachen. Insofern kann man sagen, dass in ihm das innertrinitarische Wesenswort Gottes menschliche Gestalt angenommen hat.

Kommen wir nach diesen Überlegungen noch einmal zur Ausgangsfrage zurück, wie Gott so in seiner Knechtsgestalt erkannt werden kann, dass dem Menschen wirkliche Liebe zu Gott möglich wird. Wie also kann das Märchen wahr werden, dass der König/ Gott sich dem armen Mädchen so zuwendet, dass wechselseitige, unbedingte Liebe Wirklichkeit werden kann?

Wie bereits angedeutet, führt an dieser Stelle die oben angeführte Analogie Kierkegaards nicht weiter. Für das Mädchen gibt es keine Möglichkeit, im Knecht den König zu lieben. Entweder ist die Tarnung des Knechtes so perfekt, dass das Mädchen tatsächlich nur den Knecht liebt, ohne dass es merken könnte, dass seine Zuwendung dem König gilt. Oder der Knecht gibt sich ihm zu erkennen, was sofort zur Folge hätte, dass entsprechend dem oben skizzierten Dilemma wirkliche Liebe unmöglich wird. Eine Offenbarung der Liebe des Königs zu dem armen Mädchen durch Annahme der Knechtsgestalt ist also unmöglich, weil entweder die Liebe des Königs durch den Knecht nicht erkennbar wird oder die unbedingte Liebe des Mädchens nicht gewonnen werden kann.

Bei näherer Betrachtung lässt sich allerdings zeigen, dass dieses Dilemma nicht für den Gott gilt, der die Liebe ist. Wenn der Gott der Liebe Knechtsgestalt annimmt und den Menschen im Knecht vorbehaltlos, ohne Vor- und Nachbedingungen erkennend liebt und anerkennt, ist die Wahrnehmung und Erwiderung dieser Liebe mehr als die Liebe zum Knecht, gerade wenn sie nur den Knecht meint. Denn der Knecht als Gestalt gewordene Liebe Gottes *ist* gerade als Knecht die ausgesagte Seite Gottes. Die Zuwendung zu ihm als Gestalt gewordener Liebe *ist* deshalb Zuwendung zum Logos. Bezogen auf Jesus von Nazareth würde gelten, dass er gerade deswegen Gottes Wesenswort ist, weil er nicht nur den Glauben an seine Liebe, sondern den Glauben an die Liebe überhaupt hervorruft.

Da die vorbehaltlose Bejahung eines anderen Menschen zugleich die Bejahung von Bejahung ist, ist sie auch Bejahung dieses Wesenswortes Gottes; die Hingabe an die Liebe zum Anderen ist zugleich Hingabe an die Liebe überhaupt. Insofern ist jede ohne Vor- und Nachbedingung ergehende erkennende Anerkennung des Anderen als des Anderen Zuwendung zu dem diese Liebe vollziehenden Gott. Eben deshalb hat auch schon Karl Rahner völlig zu Recht nicht nur die Einheit von Gottes- und Nächstenliebe, sondern ebenfalls die in jedem totalen Akt der Liebe liegende suchende Christologie herausgestellt. Denn vorbehaltlose Liebe ist immer auch ein Bekenntnis zur Liebe und damit Ausgriff nach dieser Liebe als uns zugesagter letzter Wirklichkeit unseres Seins.

Wenn der Mensch im Gegenüber die Unbedingtheit bzw. den unbedingten Ernst der Liebe erfährt, erlebt er für den Augenblick dieser Erfahrung die bleibende Wirklichkeit ohne Vor- und Nachbedingungen geschenkter Liebe. Wird diese Erfahrung gedeutet als Begegnung mit dem uns in Liebe zugewandten Gott, der uns allein mit den Mitteln der Liebe an sich binden will, bedeutet dies dann keinen Verrat an der Liebe, wenn unsere Liebe weiter der uns begegnenden Knechtsgestalt gilt und sich aus dieser speist (eben auf diesen Punkt wäre auch im Blick auf die oben referierten Einwände Nietzsches hinzuweisen). Wende ich mich vorbehaltlos und ohne Vor- und Nachbedingungen dem mir begegnenden Knecht in Liebe zu und meine ich mit meiner Liebe allein dieses mein menschliches Gegenüber, so gilt meine Liebe nicht dem mir in Herrlichkeit weit überlegenen Gott, sondern dem auf meiner Stufe stehenden Knecht und dem in dieser Gestalt verborgenen Gott, und kann deshalb vollkommen sein (und ist frei von jedem Projektionsverdacht). Wende ich mich in meiner Liebe auf den Knecht gewordenen Gott (und nicht auf die Idee des Mensch gewordenen Gottes, die – wie alle Ideen – per definitionem nicht geliebt werden kann), so braucht meine Liebe mein menschliches Gegenüber, um Wirklichkeit zu werden, und ist abermals Liebe zum konkreten Knecht. Liebe zu Gott ist sie unabhängig von ihrer ursprünglichen Intention dadurch, dass sie sich dem Anderen total und in rückhaltlosem Vertrauen übereignet, ohne dabei blind für die Eigenart und Andersheit des Anderen zu werden.

Wenn mir erschlossen wird, dass meine Hingabe an Christus und an meinen Nächsten durch ihr bedingungsloses Vertrauen in die Liebe einen Aspekt von Liebe offenlegt, der allererst die Wirklichkeit der Liebe angemessen zu beschreiben erlaubt, kann man von Offenbarung sprechen. Die Offenbarung des Logos ist es dann, die es mir erlaubt, den Unbedingtheitscharakter der Liebe richtig zu würdigen.

Wichtig ist in diesem Zusammenhang die Rolle der Auferstehungserfahrungen der Jünger und Jüngerinnen Jesu richtig zu würdigen, auch um den in Kapitel 1 referierten Einwänden Humes Rechnung zu tragen. Wenn Gott unsere Liebe nur gewinnen kann, indem er ganz und gar Knecht wird, darf es keinen Moment in der Beziehung zwischen Gott und Mensch geben, in dem seine Kenosis (=Herabstieg) widerrufen wird. Auch Auferstehung darf kein Widerruf der Kenosis sein. Sie darf – im Bild gesprochen – nicht der Moment sein, in dem der König dem armen Mädchen seine vorher verborgene Macht und Herrlichkeit offenbart, weil sonst das Mädchen doch wieder nur aufgrund der Herrlichkeit des Knechtes lieben würde. Einer Liebe, die die als Triumph gedeutete Auferstehungserfahrung als erkenntnistheoretische Basis verwendet, bleibt die Möglichkeit unbedingter Realisierung versagt. Auferstehung kann im Rahmen des Inkarnationsglaubens also nicht als (offensichtlicher, für alle sichtbarer) Triumph über den Tod gedeutet werden; „denn der Glaube, der triumphiert, ist das Lächerlichste von allem."[22]

Soll Auferstehung also als Erkenntnisgrund des Glaubens fungieren und als Offenbarungserfahrung verstanden werden können, meint sie nicht die eindeutige, nur einer Gruppe begegnende Erscheinung des Auferstandenen. Vielmehr geht es bei Auferstehung darum, dass sich Menschen die Tod überwindende Kraft der Liebe erschließt, die sie in der Knechtsgestalt des ihnen begegnenden Logos Gottes erfahren haben. Wenn ich also erlebe, dass ich die Tod überwindende Kraft der Liebe nicht nur erhoffe und postuliere, sondern dass sie mir in der Liebe als Verheißung entgegentritt, der ich im Leben und Sterben vertrauen kann, dann begegnet mir der Auferstandene.

4.2 Die Einheit von Schrift, Tradition und Lehramt

In einem dialogisch-kommunikativen Offenbarungsmodell kann man also Offenbarung als einen Vorgang verständlich machen, in dem Gott in seiner Liebe um die Liebe des Menschen wirbt. Wenn ich mich diesem Werben öffne, erschließt sich mir eine neue Sicht der Wirklichkeit, findet ein Aspektwechsel statt, der es mir erlaubt, in meinem Alltag Gott als Begleiter meines Lebensweges zu entdecken, der mich immer wieder neu in das mir bestimmte gelobte Land führen will und der sich in meinem Leben und Sterben als rettende Macht erweisen wird. Der in der Bibel beschriebene Weg des Volkes Israel kann mir dabei genauso wie der Lebensweg Jesu Inspiration und Richtschnur im Sinne einer Schule der Wahrnehmung sein, die mich dazu befähigt, die Spuren Gottes und seiner Verheißung auch in meinem Leben zu erkennen.

Neben den biblischen Zeugnissen steht mir aber auch der gesamte Reichtum der Tradition der Kirche offen, in der immer wieder Menschen inspiriert vom Geist Gottes die Spuren des Handelns Gottes auf ihrem Lebensweg entdeckt und davon in Tat und Wort Zeugnis gegeben haben. Darüber hinaus darf ich Gottes Geist zutrauen, dass er nicht zulassen wird, dass die Kirche sich als Ganze von der Inspiration des Geistes abwenden wird. Andernfalls müsste ich annehmen, dass alle in der Kirche lebenden Menschen sich vollständig vom guten Wirken des Gottes abwenden, zu dem sie sich bekennen und auf dessen Führung sie vertrauen – ein für einen Christen schlechthin unvollziehbarer Gedanke. Wenn man aber glauben darf, dass die Kirche als Ganze nicht aus der Führung des Geistes herausfällt, dann geht man – so zumindest die katholische Grundüberzeugung – sicher nicht in die Irre, wenn man sich auf das verlässt, was der Sprecher der Kirche für sie als Ganze festhält. Wenn der Papst also bekennt, was die Kirche als Ganze glaubt, darf ich auch hier vertrauen, dass das liebevolle Hören auf diese Worte mich nicht in die Irre führen wird.

Nach dem Zweiten Vatikanischen Konzil bilden Schrift, Tradition und Lehramt deshalb eine unzertrennbare Einheit, in der nicht die eine Instanz gegen die andere ausgespielt werden darf, sondern alle gleichermaßen die Offenbarung Gottes in seinem Wesenswort bezeugen, das in Jesus von Nazareth Gestalt gefunden hat (*Dei Verbum* Nr. 10). Die Bibel spielt dabei insofern eine herausgehobene Rolle, als sie uns allererst den Zugang zu dieser Gestaltwerdung eröffnet. Ohne Rückkoppelung an Tradition und Lehramt, wäre es aber nicht klar, wie man die Bibel richtig zu verstehen hat. Sie ist Spiegel einer ganzen Fülle von Theologien, und sie enthält eine unhintergehbare Pluralität von Perspektiven. Einerseits ist sie gerade in dieser Fülle Offenbarungszeugnis. Andererseits braucht es eine ordnende Mitte, insofern manche theologischen Ansätze in ihr alles andere als unproblematisch und selbst nach einer historischen Einordnung schwer zu verstehen sind. An dieser Stelle kann der Blick darauf helfen, wie die Gemeinschaft der Glaubenden sich in der Tradition durch die Schrift hat inspirieren lassen und was sie heute aus ihr für Lebensimpulse zieht. Das Lehramt hat hier die Funktion, Rahmenleitlinien festzusetzen, die Grenzen der legitimen Pluralität in der Kirche und der Theologie setzen. Diese Grenzziehung ist dadurch begründet, dass sie nichts anderes tut, als den Kern des christlichen Glaubens, also die Menschwerdung Gottes in Jesus Christus, je neu so in Erinnerung zu rufen, dass die heilsame Kraft dieses Glaubens je neu erfahrbar wird. Nichts anderes wollen Dogmen leisten und nichts anderes ist die klärende Aufgabe des Lehramtes.

Es geht im katholischen Verständnis also nicht darum, dass Rom alle Daseinsvollzüge der Katholiken und der Kirche mit letztverbindlicher Kraft zu regeln hätte. Aber wenn das Lehramt in eine konkrete Situation hinein verdeutlicht, was die christliche Offenbarung ausmacht und dabei im Einklang mit Schrift und Tradition die Frohe Botschaft Jesu einschärft, geht man aus katholischer Sicht sicher nicht in die Irre, wenn man sich von den dabei eingeschlagenen Grenzpflöcken leiten lässt.

Literatur

Rahner, Karl/ Vorgrimler, Herbert, Kleines Konzilskompendium. Sämtliche Texte des Zweiten Vatikanums mit Einführung und ausführlichem Sachregister, Freiburg [35]2008 *(Originaltext von Dei Verbum mit knappen Erläuterungen).*

Stosch, Klaus von, Gott – Macht – Geschichte. Versuch einer theodizeesensiblen Rede von Gottes Handeln in der Welt, Freiburg 2006 *(Trinitätstheologisch orientierte Skizze zum Handeln Gottes).*

5. Modelle der Offenbarungstheologie im 20. Jahrhundert

Die Offenbarungstheologie des 20. Jahrhunderts ist einerseits geprägt von der anthropologischen Wende der Theologien Rahners und Tillichs, die das Offenbarungsgeschehen von den Fragen und Nöten der Menschen ausgehend verständlich machen. Andererseits ist sie durch das Barth'sche Bestehen auf der Unableitbarkeit und Priorität der Offenbarung herausgefordert. Theologie tut gut daran, beide Grundintuitionen im Auge zu behalten und die anthropozentrische nicht gegen die theozentrische Perspektive auszuspielen, sondern beide miteinander ins Gespräch zu bringen.

Die bisher vorgetragenen Überlegungen verdanken viel den Offenbarungstheologien von zweien der bedeutendsten Theologen des 20. Jahrhunderts: Paul Tillich und Karl Rahner. Ich will im Folgenden diese beiden ähnlich ausgerichteten Ansätze vorstellen und danach ins Gespräch mit grundsätzlich anders perspektivierten Offenbarungstheologien des vergangenen Jahrhunderts bringen, um auf diese Weise einen Überblick über die auch heute noch bedeutsamen unterschiedlichen Strömungen der Theologie der Offenbarung zu geben und um Möglichkeiten der Versöhnung dieser gegensätzlichen Denkansätze zu sondieren.

Der protestantische deutsch-amerikanische Theologe *Paul Tillich* (1886-1965) geht in seinem offenbarungstheologischen Ansatz zunächst von einer begrifflichen Bestimmung dessen aus, was er unter Offenbarung versteht und was er mit dem Begriff des Unbedingten meint. Unter Offenbarung versteht Tillich die Mitteilung des bleibend und wesensmäßig Verborgenen:

> Nur das, was wesensmäßig verborgen ist, was auf keinem Erkenntnisweg zugänglich ist, teilt sich durch Offenbarung mit. Es hört dadurch, daß es sich offenbart, nicht auf, verborgen zu sein, denn seine Verborgenheit gehört zu seinem Wesen; und wenn es offenbar wird, so wird auch dieses offenbar, daß es das Verborgene ist. … Nicht das Okkulte – ein relativ Verborgenes –, sondern das unbedingt Verborgene wird offenbar. (Tillich 33f.)

Offenbarung ändert also Tillich zufolge nichts daran, dass das Offenbarte gänzlich verborgen bleibt. Das Verborgene kann gerade in seiner Verborgenheit offenbar werden.

Den Begriff des Unbedingten verwendet Tillich synonym mit dem Gottesbegriff. Durch die Verwendung der Redeweise vom Unbedingten wird deutlich, dass das Unbedingte nicht da sein kann, wo das Bedingte ist. „Das Unbedingte ist das, wozu es keinen Weg vom Bedingten gibt, das ganz Fremde; und das Unbedingte ist das, was jedes Weges Anfang ist, das ganz Eigene." (Tillich 34f.) Das Unbedingte ist also zum einen das, was uns unbedingt angeht (= das ganz Eigene). Glaube versteht Tillich von daher als das Ergriffensein von dem, was uns unbedingt angeht. Zum anderen ist das Unbedingte aber auch das, was nicht geschaut werden kann (weil es sonst nicht unbedingt wäre). Das Unbedingte ist also das „grundsätzlich Unzugängliche oder das Unbedingt-Verborgene" (Tillich 42). Glaube ist von daher immer auch das Hineingehaltensein in den Raum des Geheimnisses.

Wie kann das solchermaßen definierte Unbedingte dem Bedingten begegnen? Aus der soeben betonten bleibenden Verborgenheit des Unbedingten und der zugleich herausgestellten bleibenden Verborgenheit des Offenbarten in der Offenbarung wird deutlich, dass dies nur auf dem Weg der Offenbarung geschehen kann. „Wenn das Unbedingt-Verborgene offenbar wird, so kann es offenbar werden nur als das, was im Offenbarwerden verborgen bleibt." (Tillich 42) Das Unbedingte kann also nicht im Bedingten, sondern nur am Bedingten offenbar werden. Das Bedingte wird dann Verweis auf das Unbedingte und dadurch sein Offenbarungsort, wenn es auf etwas hinweist, „was nicht seiner Bedingtheit angehört, was sein Eigenstes und sein Fremdestes ist, was an ihm offenbar wird als das Unbedingt-Verborgene" (Tillich 35f.).

Tillich ist es also wichtig, die Grenze zwischen dem Unbedingten und dem Bedingten, zwischen Gott und Welt, auch angesichts der Rede von Offenbarung nicht zu verwischen. Das Unbedingte kann nicht als Unbedingtes im Bedingten begegnen. Gott kann nicht in seiner Gottheit auf der Erde da sein, wenn er die Eigenständigkeit und Freiheit des Menschen ernst nehmen will. Aber das Bedingte kann Zeichen Gottes werden, am Menschen kann Gott erfahrbar werden. Die Würde, Heiligkeit und innerste Möglichkeit des Bedingten besteht also Tillich zufolge gerade darin, dass an ihm das Unbedingte offenbar wird. Nur in einer solchen Konzeption scheint es Tillich gewahrt zu sein, dass Offenbarung keine Vergewaltigung, sondern eine Befreiung des Menschen darstellt. Denn wenn das Unbedingte als Unbedingtes dem Bedingten begegnete, wäre es (wie im vorigen Kapitel bereits erläutert) um seine Freiheit und Selbstbestimmung geschehen.

Wie kann nun aber am Bedingten das Unbedingte offenbar werden bzw. wie kann das Bedingte zum Verweis auf das Unbedingte werden? Wie genau denkt Tillich den Vorgang der Offenbarung?

Tillich beantwortet diese Frage in drei Schritten. Als Ausgangspunkt benennt er die Erfahrung einer Beunruhigung, die nicht aus einem bestimmten endlichen Grund heraus entsteht, sondern in der grundsätzlichen Unruhe des Menschen besteht. Diese unendliche Beunruhigung ist etwas, das alle Menschen immer wieder erleben. Alles um mich herum wird mir fraglich, ja ich selbst werde mir zur Frage. Die alltäglichen Gewissheiten, mit denen ich diese Unruhe normalerweise unterdrücke, schwinden auf einmal. Die Kulissen meines Alltags stürzen ein, wie der französische Philosoph und Schriftsteller Albert Camus es einmal ausgedrückt hat. Keine Routine ist mehr da, die mich stützt und mich von mir und meiner Unruhe ablenkt. Ich sehe mich in meiner Nacktheit. Dieses Sehen ist bereits der zweite Schritt: die Durchbrechung. Die unendliche Unruhe wird zur Quelle, um meinen gewohnten Alltagstrott zu durchbrechen und nach etwas Neuem zu suchen. An dieser Stelle kommt nun der dritte Schritt: das Zurückgeworfen-Werden auf mein Eigenstes, „auf das Unbedingt-Eigene, auf die uns tragende Wurzel unseres Seins, auf den sinngebenden Grund unseres Geistes – auf unseren Ursprung“ (Tillich 37). Ich erlebe etwas, das mich unbedingt angeht. Auch wenn ich es nicht näher beschreiben kann, zeigt es sich doch am Grund meines Seins als mich tragende Wirklichkeit, der ich mich zuwenden darf; „abgesehen von diesem ‚Für mich‘ ist sie nicht“ (Tillich 38).

Diese drei Aspekte gilt es nach Tillich in allen Lebensbereichen zu entdecken, statt Offenbarung auf einen bestimmten Bereich zu begrenzen (und damit das Unbedingte zu etwas Bedingtem zu machen). An dieser Stelle zeigt sich Tillichs grundlegendes Anliegen. Wie in seinem ganzen Ansatz geht es Tillich auch hier darum, eine Korrelation (= ein wechselseitiges Entsprechungsverhältnis) zwischen den existenziellen Fragen der Menschen in einer bestimmten Zeit und in bestimmten Situationen auf der einen Seite und der Antwort durch die Botschaft des christlichen Glaubens auf der anderen Seite aufzuzeigen. Tillich will also mit Hilfe der Korrelationsmethode christliche Botschaft und menschliche Grundsituation so aufeinander beziehen, dass die christliche Botschaft als Antwort auf die Fragen verständlich wird, die jeder menschlichen Existenz zugrunde liegen. Wenn Tillich hier also den Vorgang der Offenbarung verständlich zu machen sucht, so geht er von den existenziellen Fragen aus, die sich dem Menschen stellen, ja im Letzten von der Frage, die der Mensch selber ist. Doch was ist nun die christliche Antwort auf diese Frage? Was ist der Inhalt der Offenbarung nach Tillich?

Nichts anderes als das Unbedingte, als das Unbedingt-Verborgene selbst! Offenbarung ist das „Sich-Geben des Unbedingt-Verborgenen" bzw. „Sich-Verwirklichen des Unbedingt-Verborgenen im Sein, Ergriffenwerden des Seienden durch ein Unbedingt-Ergreifendes …; in ihr gibt sich als Unbedingt-Offenbares das, was zugleich das Unbedingt-Verborgene ist und bleibt" (Tillich 42). An dieser Stelle sieht man, wie sehr Tillich vom dialogisch-kommunikativen Offenbarungsmodell geprägt ist. Gott sagt in der Offenbarung nicht irgendwelche satzhaften Wahrheiten, sondern er sagt sich selbst. Tillich wird nicht müde, vor der dämonischen Gefahr zu warnen, irgendetwas Endliches, Bedingtes an die Stelle Gottes zu setzen – und sei es das Christentum, die Bibel oder die Kirche. Dabei legt Tillich allerdings besonders viel Wert auf die bleibende Verborgenheit Gottes in dieser Selbstmitteilung und die dadurch gegebene, bleibende Beunruhigung des Menschen. „Die in Dogma und Kultus sichere, nicht mehr beunruhigte Kirche hat die Offenbarung dämonisiert, auf der sie ruht" (Tillich 38).

Im Letzten überzeugend ist eine Offenbarungsbehauptung Tillich zufolge dann, wenn sie bleibend unter der Erschütterung und Umwendung artikuliert wird, die mit der echten Offenbarung verbunden ist. Von daher sei das Kreuz die vollkommene Offenbarung! Denn wo sonst werde die Gebrochenheit und Kraft eines Unbedingten klarer, das sich der Respektierung der Autonomie und Freiheit verschrieben hat und deshalb immer nur mit den Mitteln der Liebe darum wirbt, dass sich die Menschen zu Zeichen des Unbedingten in dieser Welt umformen lassen. Kirche kann dann, wenn sie in ihrer ganzen Zwiespältigkeit und Zerbrechlichkeit versucht, von sich weg auf den verborgenen Gott hin zu verweisen, die offenbarende Kraft des Unbedingten erfahrbar machen.

Der Vernunft kann Offenbarung – das ist für Tillich selbstverständlich – in keiner Weise andemonstriert werden. Offenbarung erschüttert die Vernunft und wendet sie um. „Wohl aber ist es möglich, die von der erschütterten und umgewendeten Vernunft vernommenen Offenbarungsinhalte zu sinnvoller, einander begründender und rechtfertigender Darstellung zu bringen." (Tillich 46) Theologie kann und muss also eine kohärente Theologie der Offenbarung und eine widerspruchsfreie Rede von Gottes Handeln in der Welt entwickeln, ohne deshalb dieses Handeln herbeiführen oder andemonstrieren zu können. Sie kann den Menschen in seinen Nöten und Fragen beschreiben und ihn zur Erschütterung seiner Existenz einladen. Aber sie kann ihm nicht die unverfügbare Erfahrung bieten, in der letzten Erschütterung, auf dem Grund des eigenen Selbst der Dynamik des Unbedingten zu begegnen.

Ganz ähnlich wie Paul Tillich versteht auch der vielleicht bedeutendste katholische Theologe des 20. Jahrhunderts *Karl Rahner* (1904-1984) den Menschen als die Frage, auf die die christliche Botschaft eine Antwort sein will. Rahner bestimmt den Menschen in diesem Zusammenhang als „Hörer des Wortes", der von seinem ganzen Wesen her eine Antenne für Gott ist. Nur wegen dieser wesensmäßigen Offenheit für das Unbedingte sei der Mensch (im Unterschied zu anderen Geschöpfen) für die Selbstmitteilung Gottes ansprechbar.

Der Mensch – so begründet Rahner seine These – sei Person und Subjekt, d.h. der Mensch kann sich zu sich selbst noch einmal verhalten, er kann bei aller Ableitbarkeit seiner Daseinskonstitution doch diese Ableitbarkeit selbst noch einmal thematisieren und hinterfragen. Auch wenn sich ganz viele Komponenten meines Daseins und Selbstverständnisses durch einzelwissenschaftliche Analysen erhellen lassen, so bleibe ich doch das Wesen, das sich zu all diesen Analysen noch einmal verhalten kann. Der Mensch ist mehr als seine analysierbaren Komponenten, weil er sich als Ganzer in Frage stellen kann. Dadurch, dass der Mensch alles in Frage stellen und transzendieren kann, greift er nach mehr aus als nach allem. Ja, Rahner zufolge ist diese Fähigkeit der Selbsttranszendenz des Menschen bereits eine Spur des Unendlichen in seinem Wesen. „Die Erfahrung einer radikalen Fragwürdigkeit und die Infragestellbarkeit des Menschen sind eine Leistung, die ein schlechthin endliches System nicht leisten kann." (Rahner 41)

Unabhängig davon, ob man Rahner an dieser Stelle folgen möchte, kann man ihm sicher zugeben, dass das Fragenkönnen und damit die Bezogenheit des Menschen auf Transzendenz sein Personsein konstituiert. Personsein bedeutet für Rahner also den „Selbstbesitz eines Subjekts als solchen in einem wissenden und freien Bezogensein auf das Ganze" (Rahner 41). Der Mensch kann immer weiterfragen, jeden Horizont transzendieren; er ist eine unendliche Möglichkeit und Frage; er ist das „Wesen eines unendlichen Horizontes" (Rahner 42).

Natürlich kann er dieses Ausgreifen nach Transzendenz achselzuckend ignorieren. Aber da – so die jetzt wieder umstrittene Argumentation Rahners – der Vorgriff auf die Transzendenz, der den Menschen ausmacht, nicht im Nichts begründet sein kann, weil das Nichts nichts begründen kann, muss es eine Wirklichkeit als Woraufhin meines Fragens geben; der Mensch kann

> logisch und existenziell nicht meinen, dass das Hoffnungsvolle, das sich Weitende, das er real erfährt, nur eine holde und wahnwitzige Täuschung sei und dass alles im letzten in einem leeren Nichts gründe (Rahner 44).

Anders als Tillich meint Rahner also, tatsächlich dafür argumentieren zu können, dass die Transzendenzbewegung des Menschen bereits ein Argument für den Glauben darstellt. Sicher folgt auch für Rahner aus der Sehnsucht des Menschen nicht das Ergangensein der Offenbarung. Aber offensichtlich ist er der Meinung, dass es intellektuell unredlich ist, das Nichts oder das Endliche als Grund der unendlichen Sehnsucht und Selbsttranszendenz des Menschen anzusehen. Auch wenn man ihm an dieser Stelle nicht folgt (und im Blick auf die Kantische Kritik dieses Gedankengangs wohl auch nicht folgen kann), bleibt sein wichtiger Hinweis darauf zutreffend, dass der Mensch als das Wesen der Transzendenz charakterisiert werden kann und damit als jenes Seiende, das auf die unverfügbare und schweigende Unendlichkeit der Wirklichkeit als Geheimnis dauernd ausgreift.

Damit ist bereits ein zweites Stichwort gefallen, das die Offenbarungstheologie Rahners bleibend prägt: der Begriff des Geheimnisses. So wie Tillich immer wieder die Verborgenheit Gottes in der Offenbarung betont, so unterstreicht Rahner unermüdlich die bleibende Geheimnishaftigkeit Gottes. Gerade als dieses Geheimnis spricht Gott uns an und lädt uns ein, all unsere Begriffe und Vorstellungen von der Welt und von ihm immer neu zu transzendieren auf seine verborgene Wirklichkeit hin.

Gott wird so als eine Wirklichkeit erahnbar, die alles Endliche und damit auch all unsere Begriffe und Sehnsüchte übersteigt und weitet. Durch unser Ausgreifen nach mehr erfahren wir Menschen uns immer schon als ausgerichtet auf die transzendierende Dynamik, die uns zumindest mit der Frage nach Gott konfrontiert. Diese „Gegebenheit Gottes als Frage“ bezeichnet Rahner als natürliche Offenbarung und stellt ihr die Offenbarung im eigentlichen Sinn entgegen, die immer Ereignischarakter hat und dialogisch strukturiert ist (Rahner 173f.).

Wichtig ist, dass beide Weisen der Offenbarung wechselseitig aufeinander angewiesen und miteinander verwoben sind – ein Gedanke, der dem Korrelationstheorem Tillichs nahekommt. Nur weil der Mensch sich in der natürlichen Offenbarung immer schon als Suchbewegung nach Gott erfährt, kann er die in diese Bewegung hineingesprochene Antwort verstehen. Und nur von der eigentlichen Offenbarung her kann der Mensch in seiner Sehnsucht den ersten Schritt einer dialogischen Liebesbeziehung mit dem Absoluten sehen und muss ihre innerweltliche Unstillbarkeit nicht als letzte Absurdität ansehen. Denn nur die Absolutheit des Absoluten selbst kann Erfüllung der absolut unbegrenzten Frage sein, die das menschliche Dasein prägt.

Rahner spricht an dieser Stelle auch gerne von einer transzendentalen Gegebenheitsweise der Offenbarung. Transzendental ist die Offenbarung insofern immer da, als der Mensch von seiner Daseinskonstitution immer schon Hörer des Wortes und Bewegung der Selbsttranszendenz ist. Kategorial greifbar wird sie aber erst dadurch, dass dem Menschen in seiner konkreten Geschichte die Unbedingtheit Gottes selbst rettend entgegenkommt. Durch dieses Entgegenkommen Gottes im absoluten Heilsmittler Jesus Christus ist der Mensch dazu in der Lage, seine immer schon bestehende übernatürliche Gestimmtheit wahrzunehmen und den Aspektwechsel zu vollziehen, der es ihm erlaubt, sich auch in seinem reflexiven Bewusstsein als Ereignis der Selbstmitteilung Gottes zu begreifen.

Im Grunde läuft Rahners Position also ähnlich wie die von Tillich darauf hinaus, dass es im Wesentlichen darauf ankommt, das wahrnehmen zu lernen, was Gott mir immer schon geschenkt hat. Was ich lernen muss, ist meine Fragen und die Antworten der Religion so zusammenzubringen, dass ich im Hier und Jetzt sensibel werde für die Antworten, die Gott in mein konkretes Leben hineinspricht. Im Grunde ist Gott also immer schon da und ich muss nur lernen, die mir begegnenden Ereignisse als kategoriale Konkretisierungen des immer schon bestehenden Liebeswillens Gottes zu verstehen. Rahner und Tillich versuchen also beide ausgehend von anthropologischen Reflexionen aufzuzeigen, welche Bedingungen auf Seiten des Menschen erfüllt sein müssen, damit eine als personale Selbstmitteilung gedachte Offenbarung überhaupt für ihn vernehmbar und verstehbar sein kann. Dabei lässt sich ihrer Überzeugung nach immer und überall eine Spur der Antwort ausbuchstabieren, die in Christus ihre normative und voll gültige Gestalt gefunden hat.

Diese Offenheit für allgemein anthropologische Reflexionen und für andere Religionen, die Offenheit, Gott überall dort am Werk zu sehen, wo Freiheit und Liebe verwirklicht sind, die Offenheit, eine Denkform zu verwenden, die auch ohne Glaubensvoraussetzungen verständlich ist, und schließlich die Bereitschaft, sich voll und ganz der Herausforderung von Aufklärung und Religionskritik zu stellen, sind es, die dazu geführt haben, Rahner und Tillich als liberale Theologen zu bezeichnen. Insbesondere die mit ihnen verbundene anthropologische Wende ruft bis heute Widerstand hervor und spaltet die Theologie aller Konfessionen in zwei Lager. Die Kritiker der anthropologischen Wende und der liberalen Theologie bezeichnen sich in der Gegenwart gerne als postliberal und berufen sich vornehmlich auf Karl Barth als Gewährsmann, so dass ich ihre Bedenken im Ausgang von Barths offenbarungstheologischem Ansatz darlegen will.

5.1 Postliberale Perspektivenwechsel

Karl Barth (1886-1968), der vielleicht bedeutendste evangelische Theologe des 20. Jahrhunderts, betont in seinem Ansatz sehr stark den Vorrang der Offenbarung und des Glaubens vor der Vernunft. Der Anthropozentrik der liberalen Theologie setzt er eine Theozentrik entgegen, die die Theologie wieder neu als Rede von Gott ins Bewusstsein bringen und vom ergangenen Wort Gottes her Theologie treiben will. Entsprechend lehnt er jede natürliche (= ohne Voraussetzung des Glaubens und nur auf der Basis des menschlichen Erkenntnisvermögens argumentierende) Theologie ab und versteht sein Theologietreiben dezidiert als Offenbarungstheologie. In seinen Augen kann man nicht genug hervorheben, dass Gottes Selbstmitteilung nicht durch die Vernunft vorhersehbar ist oder autonom kriterial geprüft werden kann. Wir können nicht durch Überlegungen mit Hilfe der Vernunft herausfinden, ob oder dass Gott trinitarisch ist und sich in einem Menschen offenbart hat. All das muss uns gesagt werden („Der Glaube kommt vom Hören"/ Röm 10,17).

Statt mit Hilfe der eigenen Religion oder der Vernunft Gott nahe zu kommen, gelte es, alles eigene Streben und eigenmächtige Planen fahren zu lassen, um frei zu werden für Gottes Handeln. Der religiöse Versuch, Gott durch Meditationstechniken oder gute Werke nahe zu kommen, sei Zeugnis des Unglaubens, weil er verkenne, dass Gott dem Menschen immer schon in unüberbietbarer Weise nahe sei. Statt Nähe herstellen zu wollen oder denkerische Vermittlungsleistungen zu erbringen, gelte es lediglich, das Herrsein Gottes anzuerkennen und ihm in der Welt Raum zu schaffen. Statt Gott durch eigene Erkenntnisleistungen hervorbringen und klein machen zu wollen, gehe es darum, sich Gott zu öffnen. Erkannt werde Gott nicht bei irgendwelcher Gedankenakrobatik, sondern allein da, wo der Mensch nur noch „Einschlagtrichter“ eines „senkrecht von oben“ begegnenden Widerfahrnisses sei.

Dieses Widerfahrnis ist es, das den Theologen allererst ermächtigt und verpflichtet, das Unmögliche zu tun und von Gott Zeugnis abzulegen. Genauso wie Rahner und Tillich gibt Barth zu, dass der Mensch in seinem Wesen eine Frage nach Transzendenz ist und dass er somit nach etwas ausgreift, das per definitionem nicht da ist, wo der Mensch ist, und dass er es sich doch genau dort wünscht. Radikaler als die liberale Theologie vor ihm betont er nun aber, dass die Antwort auf die Frage, die der Mensch ist, nur von Gott selbst kommen kann.

> *Wir sollen als Theologen von Gott reden. Wir sind aber Menschen und können als solche nicht von Gott reden. Wir sollen Beides,* unser Sollen und unser Nicht-Können*, wissen und eben damit Gott die Ehre geben.*[23]

Eben dies war der Grundsatz der dialektischen Theologie, die im Gefolge Barths in den 20er Jahren des letzten Jahrhunderts zur bestimmenden theologischen Schule im deutschen Sprachraum wurde. Diese Theologie war insofern dialektisch, als sie das Ja am Nein und das Nein am Ja verdeutlichen will, also etwa die Offenbarung der Herrlichkeit in der Verborgenheit und das Leben im Tod. Erst wo auch dieser dialektische Weg abbricht, wo also auch diese Form von Verdeutlichung an die Grenzen ihrer Plausibilität stößt, spricht Gott. Und dieses Hörbarmachen des Sprechens Gottes ist nach Barth das Ziel der Theologie. Es geht also nicht um eine Rechtfertigung Gottes oder Verantwortung des Glaubens vor der Vernunft – all dies kann angesichts der Paradoxie des Gedankens der Menschwerdung Gottes nach Barth sowieso nicht gelingen –, sondern es geht darum, Gott die Ehre zu geben, seinem Wort den Weg zu bahnen. Deswegen müssen nach Barth nicht erst anthropologische Anknüpfungspunkte für die Theologie gesucht werden, sondern Theologie hat mit dem ergangenen Wort Gottes zu beginnen und dieses auszulegen.

Barths Rückbesinnung auf das Wort Gottes als Wurzel aller Theologie hat bis heute – vor allem in Kreisen postliberaler Theologien – eine große Ausstrahlung. An Barth faszinierte und fasziniert, dass er mit einem völlig neuen Blick an die Bibel heranging und von ihr ausgehend die Welt zu verstehen suchte, statt (wie die liberale Theologie vor ihm) umgekehrt von der Welt und ihrem landläufigen Verständnis her die Bibel zu lesen. Ihm wurde klar, dass man als Theologe von Gottes Offenbarung her denken muss und nicht von der

Erfahrung der Menschen her diese herbeireden kann. Das trinitarische Handeln Gottes wird so zum Ausgangspunkt all seines theologischen Denkens, und er kämpft gegen jeden Versuch des Menschen, aus eigener Kraft eine Beziehung zu Gott herstellen zu wollen. Denn nur, wenn Gott selbst sich mir (in Christus) mitteile und zugleich mein Herz (im Geist) ergreife, damit ich diese Anrede als Anrede des Herrn begreife, sei Glaube möglich.

„Gott offenbart sich als der Herr" ist für Barth deshalb der Grundsatz jeder Theologie. Er ist für ihn damit auch Grundlage der Trinitätstheologie. So wie in diesem Satz Subjekt, Prädikat und Objekt (also Offenbarer, Offenbarung und Offenbarsein) zu unterscheiden seien, so seien in dem Vorgang der Selbstoffenbarung Gottes drei Vermittlungsinstanzen zu unterscheiden, die zur Ausbildung der trinitarischen Rede von Gott führten. In der christlichen Offenbarung sei der eine Gott in drei verschiedenen Seinsweisen da. Einmal als das verborgene und unergründliche Geheimnis und der Urgrund allen Seins (Vater); dann als sein Wesenswort, in dem er sich uns offenbart (Sohn/ Logos); schließlich als sein innerer Anhauch, mit dem er uns im Inneren verwandelt und entzündet (Hl. Geist). Bei allen drei Seinsweisen gehe es um den einen Gott, der sich uns in seiner Liebe in verschiedener Weise vermittle. Der eine Gott sei auf diese Weise dreimal anders Gott.

Stilbildend für die Theologie des 20. Jahrhunderts wurde Barths umwälzende Neuerung der Verortung der Trinitätslehre innerhalb der Dogmatik. Wurde in der traditionellen Theologie die Trinitätslehre erst nach der Entfaltung der Gotteslehre in einem eigenen Traktat eingeführt, so verhandelt Barth sie direkt am Anfang seiner Ausführungen im Rahmen der Prolegomena der Kirchlichen Dogmatik. Grund für diese Neuerung ist Barths radikale Absage an eine natürliche Gotteserkenntnis. Die traditionelle Theologie begann mit dem, was sich unabhängig von der Heilsgeschichte von Gott sagen lässt und entfaltete zunächst eine allgemeine Gotteslehre, um erst viel später dann das *mysterium stricte dictum* der Trinität zu entfalten. Barth dagegen besteht darauf, dass sich ohne Offenbarung bzw. ohne Beistand des Heiligen Geistes gar nichts über Gott sagen lässt.

Die Wahrheit des christlichen Glaubens kann uns Barth zufolge nur einleuchten, wenn der Heilige Geist in uns bewirkt, dass wir den uns personal begegnenden Christus als das Wort des Vaters verstehen. Für die autonome philosophische Vernunft bleibe dagegen der Begriff von einer Selbstoffenbarung Gottes unerreichbar. Entsprechend lehnt Barth den Autonomiegedanken der Aufklärung ab und wendet gegen das nach Autonomie strebende Subjekt ein, dass es genau dem bereits von den Reformatoren gegeißelten, in sich verkrümmten Menschen entspreche, der alles selber erreichen wolle und meine, selber Herr und Richter über Gut und Böse zu sein. Trotz dieser Kritik an der Aufklärung nimmt Barth viele Impulse neuzeitlichen und modernen Denkens auf und darf keineswegs als Antimodernist gesehen werden. Eher könnte man in ihm den ersten „Postmodernen" sehen, insofern er die kritischen Potentiale der Aufklärung und Moderne nutzt, um sie immer wieder in ihren Ansprüchen in Frage zu stellen. Insbesondere die in Kapitel 2 vorgestellte Religionskritik des 19. Jahrhunderts verwendet er, um die moderne Theologie zu erschüttern und eine Kehrtwende ihrer Denkrichtung zu erzwingen. Mit aller Energie versucht er immer wieder nachzuweisen, dass ohne Voraussetzung der Offenbarung und ohne das Handeln Gottes schlechterdings kein christlicher Glaube und keine Form von Theologie möglich sind.

	Liberale Modelle der Theologie	**Postliberale Modelle**
Vertreter	Tillich/ Rahner	Barth/ Lindbeck
Ansatzpunkt	allgemeine anthropologische Gegebenheiten	Wort Gottes
Blickrichtung	von der Welt hin zu Gott (anthroporelational)	vom Wort Gottes hin zur Welt (theozentrisch)
Mensch angesichts der Offenbarung	Fragenkönnen, Ausgreifen nach mehr	Einschlagtrichter eines Widerfahrnisses
Ziel der Theologie	Verantwortung des Glaubens vor der Vernunft	Gott die Ehre geben und seinem Wort den Weg bahnen

Wie Barth tritt auch der bedeutende katholische Theologe *Hans Urs von Balthasar* (1905–1988) dafür ein, dass die Voraussetzung und die Inhalte des Glaubens so sehr in eins fallen, dass eine Vermittlung des Glaubens und seiner Inhalte in die Welt des Unglaubens als unmöglich erscheint. Eine Vernunft, die sich autonom vom Glauben zu orientieren sucht, können sie beide nicht als etwas Positives begreifen und darin – wie die liberale Theologie – Anknüpfungspunkte für den Glauben suchen. Denn eine nicht vom Glauben geleitete Vernunft ist für sie eine sich verfehlende Vernunft.

Genauso wie Barth betont von Balthasar also, dass Theologie nicht in der Frage des Menschen zu Gott gründet, sondern in Gottes Zuwendung zum Menschen. Theologie müsse dementsprechend von der Offenbarung her argumentieren und habe diese als Voraussetzung ihres Denkens in all ihren Reflexionen zu akzeptieren, ohne sie reflexiv begründen zu können. In der Charakterisierung der Offenbarung betont von Balthasar stärker als Barth ihre sinnliche Gestalt. Während Barth sehr stark vom Wort her denkt, betont von Balthasar die Gestalt Jesu, die ihm zufolge eine Überzeugungskraft hat, der sich menschliches Erkennen schlechterdings nicht widersetzen kann. Wenn der Mensch die Herrlichkeit der Gestalt Jesu an sich herankommen lässt, kann er nicht anders, als in ihr den Gottmenschen zu erkennen und sich von ihrer Schönheit elektrisieren zu lassen – so die Auffassung von Balthasars.

Um diesen Standpunkt zu verstehen, muss man berücksichtigen, dass von Balthasar die Liebe als den eigentlichen Gehalt der Offenbarung ansieht. Die Liebe lässt sich aber nicht aus einer neutralen Außensicht würdigen. Liebe will den Geliebten schauen, sie braucht die geradezu sinnliche Vermittlung. Und Liebe wird in ihrer eigentlichen Wirklichkeit nur von Liebe erkannt. Erst die empfangene Liebe macht den Menschen fähig zu lieben und fähig zu verstehen, was Liebe eigentlich bedeutet. Von daher erscheint es von Balthasar völlig sinnlos, Zeugnis von der Offenbarung zu geben oder auch nur über sie nachzudenken, wenn man nicht von der Liebe erfüllt und verwandelt ist. Hat einen die Liebe zur Gestalt Christi einmal erfasst, ist jede vernünftelnde Explikation dieser Wirklichkeit überflüssig und greift zu kurz. Ist man noch nicht in der Liebe, kann einem auch die beste Theologie nichts nützen. Also kann Theologie – so von Balthasar und Barth unisono – nur ausgehen von der erfahrenen Liebe, dem erfahrenen Wort Gottes – und darf auch methodisch nicht davon abstrahieren, weil sie sonst ihren Gegenstand verfehlt. Mit einer Theologie, die nach Korrelationen zwischen menschlichen Sehnsüchten und Glaubensantworten sucht und die mitunter auch ohne ausdrücklichen Glauben bereits eine suchende Christusbeziehung verwirklicht sieht, an die die Glaubensbotschaft anknüpfen kann, können beide Theologen nichts anfangen.

Auch wenn Rahner und Tillich natürlich nicht die Offenbarung aus der Wesensbestimmung des Menschen ableiten, betrachten sie das

Offenbarungsgeschehen doch in gänzlich anderer Perspektive als Barth und von Balthasar. Während die beiden neo-orthodoxen Denker Offenbarung von Gott her, also streng *theozentrisch*, denken, gehen Rahner und Tillich in ihren Überlegungen vom Menschen aus und vollziehen somit in gewisser Weise die *anthropozentrische* Wende neuzeitlicher Philosophie mit. Zumindest denken sie *anthroporelational*, d.h. sie versuchen die Offenbarung in Beziehung zum Menschen und ausgehend von seinen Fragen und Sehnsüchten her zu erschließen. Stark vereinfachend könnte man sagen, dass Barth und von Balthasar besonders die Unerschöpflichkeit von Gottes Offenbarung im Blick haben, während Rahner und Tillich ihre Aufmerksamkeit auf die Vernehmbarkeit dieser Unerschöpflichkeit für den Menschen richten.

Versteht man Gottes Offenbarung als unerschöpfliche Quelle, so könnte man Rahners und Tillichs Anliegen so verstehen, dass diese Quelle bei aller Reichhaltigkeit dem Menschen nur so viel zu trinken geben kann, wie er aufzunehmen in der Lage ist. Ein Glas kann nicht mehr als einen bestimmten Inhalt aufnehmen, auch wenn man noch so lange Wasser hineinschüttet. Insofern ist es sinnvoll zu überlegen, welche Inhalte der Mensch überhaupt aufnehmen kann.

Trotz der unterschiedlichen Ansätze kommen alle vier Theologen zu einem ähnlichen Ergebnis. Gott kann sich dem Menschen offenbaren, weil der Mensch nicht bloß ein begrenztes Geschöpf ist; er ist gewissermaßen nicht nur ein Glas, das nur eine begrenzte Menge Wasser aufnehmen kann. Der Mensch ist in seinem Alles-hinterfragen-Können und Sich-zu-allem-in-ein-Verhältnis-setzen-Können ein dynamisches, auf das Unbegrenzte angelegte Geschöpf, das durch das Angesprochenwerden durch Gott seine Lebens- und Verstehensbedingungen erweitern kann. Während Barth und von Balthasar betonen, dass erst diese durch Gott bewirkte Erweiterung Offenbarung denkbar macht, liegt die Aufmerksamkeit von Rahner und Tillich auf dem philosophischen Aufweis der dynamischen Verfasstheit des Menschen. Diese unterschiedliche Akzentsetzung muss man nicht dazu nutzen, um einen unversöhnlichen Gegensatz zwischen beiden theologischen Denktraditionen aufzubauen, obwohl man die Unterschiedlichkeit der verfolgten Anliegen nicht übersehen darf.

5.2 Vermittlungsmöglichkeiten

Leider gibt es in der gegenwärtigen Theologie, insbesondere im englischsprachigen Bereich, eine starke Tendenz dazu, diesen Gegensatz zu stark zu betonen und Rahners oder Tillichs angeblich liberale Theologien als Anpassung an den Zeitgeist zu diskreditieren. Während die liberalen Theologien durch ihre anthropologische Anknüpfung das Christentum an das Empfinden und die Bedürfnisse der Menschen unserer Zeit anpassten, sei allein eine postliberale Theologie dazu in der Lage, die Basisintuitionen des Christentums angemessen zu würdigen – so kann man immer wieder lesen. Im Fokus der Kritik steht dabei beispielsweise bei dem amerikanischen Theologen *George A. Lindbeck* die liberale Behauptung, dass den unterschiedlichen Offenbarungserfahrungen eine gemeinsame Kernerfahrung zugrunde liegt. Während der Gründervater der liberalen Theologie Friedrich Daniel Ernst Schleiermacher (1768-1834) in dem Gefühl der schlechthinnigen Abhängigkeit den anthropologischen Anknüpfungspunkt für Religion bei allen Menschen sah, diagnostizierte Rahner diesen in der immer schon bestehenden transzendierenden Dynamik des Menschen, die er auch als übernatürliches Existential bezeichnet. Postliberale Theologen leugnen die Existenz eines derartigen Anknüpfungspunktes und betonen die Differenz in den Wahrnehmungen der Menschen unterschiedlicher Kulturen. Christlich geprägte Menschen verstehen ihnen zufolge etwas völlig anderes unter Liebe als beispielsweise Buddhisten.

> Anhänger verschiedener Religionen thematisieren nicht verschieden dieselbe Erfahrung; sie machen vielmehr verschiedene Erfahrungen. Buddhistisches Mitleid, christliche Liebe und ... die *fraternité* der Französischen Revolution sind nicht je verschiedene Modifikationen eines einzigen fundamental menschlichen Bewusstseins (Lindbeck 68).

Angesichts der gravierenden Unterschiede zwischen den Religionen und Kulturen schlägt Lindbeck vor, eine Religion „als eine Art kulturelles und/ oder sprachliches Grundgerüst und Medium [zu betrachten], das die Gesamtheit von Leben und Denken formt“ (Lindbeck 56). Die ritualisierten Mythen und Erzählungen der Religionen strukturieren ihm zufolge das menschliche Selbstverständnis und führen dazu, umfassende Interpretationsschemata zu entwickeln. Durch diese Einsicht kommt Lindbeck in seinem kulturell-sprachlichen Ansatz zu der These, dass Religionen an zentraler Stelle mit dafür verantwortlich sind, wie wir denken und wie wir die Wirklichkeit wahrnehmen. Eine richtige Wahrnehmung der Wirklichkeit und das Hineinwachsen in glaubenstragende Erfahrungen sei dementsprechend nur möglich, wenn ich mich in die richtige Weltsicht hineinstelle und von ihr mein Leben prägen lasse. Es könne also nicht darum gehen, bei allen Menschen zu suchen, was immer schon da ist, sondern die Menschen dazu einzuladen, sich von Gottes Geist formen zu lassen, damit in ihnen ein Resonanzboden für das Evangelium entstehen könne. Nicht von der Welt aus dürfe die Bibel gelesen werden, sondern von der Bibel aus die Welt. Erst wenn ich mich verwandeln lasse von der Offenbarung, kann ich ihre Wahrheit erkennen.

Die Ähnlichkeiten dieses Denkens zu Karl Barth sind offensichtlich. Ergänzt wird Barth nur um ein sprachphilosophisches Modell, das die Kategorie der kulturell-sprachlichen Interpretationsschemata einführt. Durch diese Kategorie entsteht allerdings eine gefährliche Schieflage. Kann man bei Barth noch versuchen, Brücken zu einem liberaleren Denken zu suchen, sind diese Verständigungsmöglichkeiten bei den postliberalen Denkern abgebrochen. Die Differenz von Innen und Außen wird unüberwindbar; man muss zum Innen der Bibel dazugehören, um das Außen der Welt richtig wahrzunehmen.

Es ist offensichtlich, dass hier eine nicht hinnehmbare Willkür ins Denken hineingerät. In keiner Weise kann dem Außenstehenden noch erklärt werden, warum er denn hineinkommen soll. Die Aufforderung es einfach auszuprobieren, klingt wie die Einladung zu einer Gehirnwäsche. „Lass Dich doch einfach mal drauf ein!" – ist jedenfalls eine Aufforderung, mit der auch jede Sekte auf Beutefang gehen kann. Wenn ich eine Religion erst richtig verstehe, wenn ich dazu gehöre, gibt es – so die unausweichliche Folge des postliberalen Denkens – keinen vernünftigen Grund, warum ich einer bestimmten Religion mehr trauen sollte als einer anderen, weil letztlich alle in einem inkommensurablen Verhältnis nebeneinander stehen. Die exklusive Wahrheitsbehauptung der Postliberalen führt bei näherer Betrachtung also geradewegs in den Relativismus, insofern man die Bevorzugung des eigenen Weges gegenüber anderen nicht mehr mit guten Gründen vermitteln kann. Die Aufgabe der Theologie bestünde in diesem Ansatz darin, Menschen dazu zu verführen, sich zu einer bestimmten Betrachtungsweise der Welt abrichten zu lassen – eine Aufgabenbestimmung, die all die Ziele preisgibt, die die Aufklärung geprägt hat. Der Vorwurf des Offenbarungspositivismus, der Barth gegenüber immer wieder erhoben wird, ist hier in jedem Fall berechtigt. „Friss Vogel oder stirb!" – wie Dietrich Bonhoeffer (1906-1945) es in so treffender Weise auf den Punkt brachte. Entweder ich fresse und übernehme die Sichtweise des Christentums auf die Welt – dann sehe ich alles richtig und werde heil. Oder ich traue mich nicht – dann sehe ich alles falsch, verstricke mich immer tiefer in die Sünde und gehe elend zugrunde. Eine solche Schematisierung will nicht für die Offenbarung argumentieren, sondern versucht geradezu manipulativ zu ihrer Akzeptanz zu verführen. Dagegen kann man mit dem im vorigen Kapitel vorgestellten Modell der Erschließungserfahrungen verständlich machen, dass man bei aller Unverfügbarkeit des Offenbarungsgeschehens doch die durch Offenbarung hergestellte Wirklichkeitssicht als bereichernde Aspektwahrnehmung ansehen darf.

Literatur

Lindbeck, George A., Christliche Lehre als Grammatik des Glaubens. Religion und Theologie im postliberalen Zeitalter, Gütersloh 1994 (Theologische Bücherei; 90: Systematische Theologie) *(Einführung in die Offenbarungstheologie aus postliberaler Sicht in polemischer Abgrenzung gegen Rahner und Lonergan).*

Rahner, Karl, Grundkurs des Glaubens. Einführung in den Begriff des Christentums. Neuausgabe, Freiburg-Basel-Wien 2008 *(nach wie vor die beste, aber leider auch eine der schwierigsten Einführungen in das Christentum insgesamt, die alle Themen in überzeugender Weise abhandelt – auch das Thema der Offenbarung).*

Tillich, Paul, Offenbarung und Glaube, Stuttgart 1970 *(Sammlung einiger zentraler offenbarungstheologischer Essays Tillichs).*

6. Transzendentalphilosophische Legitimationsstrategien

Transzendentalphilosophisch geprägte Offenbarungstheologien bestehen darauf, dass erst der von der autonomen philosophischen Vernunft gebildete Begriff des Unbedingten es dem Menschen ermöglicht, eine Offenbarung des Unbedingten am Bedingten als solche zu erkennen. Erst eine derartige philosophische Reflexion sei es somit, die es erlaube, eine freie und dialogische Beziehung zwischen Gott und Mensch zu denken.

Wie im vierten Kapitel deutlich geworden sein sollte, meint Offenbarung im christlich theologischen Sinne immer die Selbstoffenbarung Gottes, also den Einbruch des Unbedingten selbst ins Bedingte und damit etwas, das aus Sicht des Bedingten unerreichbar ist. Natürlich kann Gott aufgrund seiner Allmacht auch im Anderen seiner selbst (also am Bedingten) er selber sein (also der Unbedingte). Die Frage ist nur, wie das Bedingte diesen Einbruch des Unbedingten erkennen soll. Vom Bedingten führt jedenfalls kein Weg zum Unbedingten. Auch wenn Gott sich uns mitteilen kann, scheint es, als ob wir ihn nicht verstehen könnten. Denn wie sollte das Bedingte das Unbedingte als Unbedingtes erkennen?

Der einzige Ausweg scheint hier zu sein, dass das Unbedingte das Bedingte von innen ergreift und ihm dadurch die Fähigkeit gibt das Unbedingte zu erkennen. Nur das Unbedingte kann das Unbedingte erkennen, christlich gesprochen: Nur der Heilige Geist kann den Logos Gottes erkennen – eine Lösung des Problems, die seit Luther geradezu klassisch geworden ist und die vor allem im Gefolge Barths immer wieder betont wird. Damit ist der Mensch aber nur dann fähig, die Offenbarung Gottes zu erkennen, wenn ihm dies durch Gott ermöglicht wird. Die zirkuläre Argumentation postliberaler Theologie droht: Wer der christlichen Botschaft misstraut oder an ihr zweifelt, ist eben nicht vom Heiligen Geist erfüllt. Zweifel führen auf Abwege, aber niemals zur tieferen Erkenntnis Gottes, könnte man auf dieser Spur versucht sein zu denken. Wenn man die christliche Botschaft richtig verstehen will, dürfte man demnach nicht zweifeln, sondern müsste alles daran setzen, sich von der christlichen Offenbarung prägen zu lassen.

Eine solche Argumentation ist erkennbar zirkulär und wird kaum einen Ungläubigen überzeugen, sich dem christlichen Glauben zu öffnen. Jedenfalls wäre eine solche Öffnung völlig willkürlich. Zudem entwirft diese Theorie auch ein merkwürdiges Bild von Gott. Denn offensichtlich kann man dieses Vertrauen in Christus nicht einfach per Willensentscheidung herbeiführen. Ich kann nicht machen, dass der Geist mich ergreift. Wieso sollte Gott aber manchen Menschen die Möglichkeit schenken, die Welt richtig zu sehen und sie anderen verweigern? Wie vermeidet man bei dieser Konzeption den Verdacht der Willkür und den Eindruck der Heteronomie? Wie kann ich bemerken, dass es tatsächlich das Unbedingte ist, das mich ergreift? Muss ich aus dem Bedingten heraus nicht wenigstens einen Begriff des Unbedingten bilden können, um die nicht ableitbare und herstellbare Erfahrung des Unbedingten wenigstens als solche erkennen zu können?

Angesichts derartiger Fragen hat sich insbesondere in der neueren katholischen Offenbarungstheologie des 20. Jahrhunderts in Anknüpfung an einige der Grundideen der Aufklärung folgende Grundthese herausgebildet: Bereits die autonome, nicht vom Glauben erleuchtete Vernunft kann einen Begriff des Unbedingten bilden, der dem Menschen die kriteriale Möglichkeit eröffnet, das Unbedingte als Unbedingtes zu erkennen, ohne sich durch die Einnahme eines Erkenntnisstandpunkts im Unbedingten zu immunisieren. Dieser Begriff des Unbedingten ist – streng transzendentalphilosophisch, im Gefolge Kants und im Mitvollzug der anthropologischen Wende – ausgehend von einer Reflexion auf die Bedingungen der Möglichkeit von Erkenntnis und damit im Rückgriff auf das erkennende Subjekt selbst und die Herausbildung seiner Erkenntnisbedingungen zu erreichen. Auf der Grundlage dieses Begriffs des Unbedingten ist Vernunft dazu in der Lage, sich zu der geistgewirkten Öffnung auf das Unbedingte hin zu verhalten oder das Ausbleiben dieser Öffnung zu beklagen. Der autonom gewonnene Begriff des Unbedingten ist gewissermaßen die Bedingung der Möglichkeit dafür, denken zu können, dass der Mensch sich dem angeblichen Anspruch des Unbedingten gegenüber in Freiheit selbst bestimmen kann.

Beim Gedanken einer Freiheit des Bedingten dem Unbedingten gegenüber kann die Begegnung mit ihm natürlich nicht ohne symbolische Vermittlung gedacht werden. Denn bei einer unvermittelten Schau des Unbedingten würde sich das Bedingte diesem niemals verweigern können. Wenn es aber Gottes Schöpfungsziel ist, Mitliebende zu gewinnen, und wenn er dieses Ziel ausschließlich mit Mitteln der Liebe erreichen will, dann wird er sich dem Menschen nur in vermittelter Weise zuwenden und um ihn in vermittelter Weise werben. Um deutlich zu machen, dass die Kraft der Liebe Gottes selbst in dieser Vermittlungsgestalt präsent ist, spricht man in der Theologie an dieser Stelle im Anschluss an einen Vorschlag von Karl Rahner auch gerne von einer realsymbolischen Vermittlungsgestalt. Während ein Vertretungssymbol ein Zeichen ist, das die durch das Zeichen angezeigte Wirklichkeit nur vertritt, ohne dass diese in ihr präsent ist (so wie ein Verkehrsschild, das eine Fahrbahnunebenheit bezeichnet, ohne selbst hubbelig zu sein), ist das Realsymbol ein Zeichen, in dem die bezeichnete Wirklichkeit selber sinnlich erfahren werden kann, ohne dass sie auf das Zeichen reduziert werden dürfte. In diesem Sinne ist etwa der Kuss ein Zeichen für die Liebe. Gott bzw. das Unbedingte begegnet im Bedingten also ausschließlich in realsymbolischer Gestalt, um einerseits wirklich in seiner Liebe da zu sein und um andererseits die Freiheit des Menschen nicht zu vergewaltigen, sondern um sie zu werben. Um das Unbedingte in realsymbolischer Gestalt erkennen zu können und sich bereits zu dieser Erkenntnis in Freiheit verhalten zu können, braucht es also den autonom gebildeten Begriff des Unbedingten als Ausgangspunkt, um von ihm her die Dynamik der realsymbolischen Wirklichkeit auf das Unbedingte würdigen zu können. Der autonom gewonnene Begriff des Unbedingten ist auf diese Weise die Brücke, um ein Freiheits- und wechselseitiges Bestimmungsverhältnis zwischen Gott und Mensch denken zu können und damit die Voraussetzung dafür, die Liebe als letzten und alleinigen Zweck des Menschen ausweisen zu können.

Eine Reflexion, die auf die Bedingungen der Möglichkeit von etwas rekurriert, nennt man seit Kant eine transzendentale bzw. transzendentalphilosophische Reflexion. Wenn wir also im soeben angedeuteten Sinn versuchen, den Begriff eines Unbedingten als Bedingung der Möglichkeit der Autonomie und Freiheit des Bedingten gegenüber einer realsymbolisch vermittelten Offenbarung des Unbedingten ins Spiel zu bringen, bemühen wir uns um eine transzendentalphilosophische Legitimation der christlichen Rede von Offenbarung. Ziel einer solchen transzendentalphilosophischen Reflexion auf Offenbarung ist es immer, mit Hilfe der autonomen philosophischen Vernunft die Denkbarkeit von Offenbarung zu prüfen.

In der gegenwärtigen Debatte gibt es unterschiedliche Vorschläge zur Verwendung transzendentalphilosophischer Legitimationsstrategien, die auf je unterschiedlichen Wegen einen Begriff des Unbedingten bilden und die Denkbarkeit von Offenbarung im Einklang mit geschöpflicher Autonomie sichern wollen. Sie knüpfen meistens an Johann Gottlieb Fichte (1762-1814) an und sind in der gegenwärtigen Debatte alle sehr umstritten. Ich möchte deshalb im Folgenden einen eigenen Vermittlungsvorschlag machen, der allerdings viel von Thomas Pröpper und Hansjürgen Verweyen als den wichtigsten Protagonisten solcher Ansätze verdankt. Er unterscheidet sich von deren Ansätzen insbesondere dadurch, dass er seine Rekonstruktion des Begriffs des Unbedingten als eine (weltbildabhängige) Systematisierung ansieht, die in keiner Weise alternativenlos ist.

Verweyen und Pröpper ist es aus den weiter oben ausgeführten Gründen beiden wichtig, einen Begriff des Unbedingten mit der autonomen philosophischen Vernunft zu bilden. Pröpper meint ihn im Ausgang von der formellen Selbstursprünglichkeit der Freiheit entwickeln zu können, Verweyen setzt bei der Elementarstruktur menschlichen Bewusstseins an. Dabei muss man beiden Recht geben, dass man den Begriff des Unbedingten weder durch eine Steigerung endlicher Eigenschaften (via affirmativa) noch durch ihre bloße Negierung (via negativa) gewinnen kann. Ich möchte im Folgenden vorschlagen, den Begriff des Unbedingten als Grenzbegriff zu bestimmen, den ich bilden kann, wenn ich die ursprüngliche Dynamik der Vernunft untersuche. Um diesen Gedanken näher explizieren zu können, muss ich zunächst einmal erläutern, was ich mit Vernunft meine.

Als Vernunft möchte ich die doppelte Fähigkeit bestimmen, einerseits in jeder scheinbar inkommensurablen Verstehenssituation nach Wegen des Verstehens, Würdigens und Urteilens zu suchen und andererseits durch kritische Selbstprüfung jeden geglückten Verstehensversuch als vorläufig und ambivalent zu erkennen. Die Dynamik der Vernunft besteht also positiv betrachtet darin, immer neu nach Wegen des Verstehens zu suchen, alle Grenzen und Barrieren zwischen Sprachspielen und Weltbildern zu verflüssigen, jede Form des deutenden Weltabschlusses aufzubrechen und zu transzendieren. Negativ besteht sie darin, die geglückte Verflüssigung von Grenzen, die Aufbrüche ins Unverstandene, die Neuformatierungen meines Weltbildes kritisch zu begleiten und in ihrer Kontingenz und Fehlbarkeit einsichtig zu machen. Im Anschluss an Jürgen Werbick gesprochen: Vernunft will also einerseits die Wirklichkeit würdigen, wie sie ist, und sieht andererseits die Widerständigkeit der Wirklichkeit; sie erfährt, dass ihr diese Würdigung niemals vollkommen gelingt.

Vernunft ist also ausgezeichnet einerseits durch eine ihr wesensmäßig eigene Dynamik ins Unbedingte, ins Transzendieren, ins Ausgreifen nach umfassender Einheit, und andererseits durch die zugleich bestehende Dynamik des Beharrens auf Differenz und den kritischen Aufweis der Grenzen auch der geglückten Einheit. Durch diese doppelte Dynamik kann Vernunft den paradoxen Grenzbegriff einer Einheit in Verschiedenheit bilden, der beide Dynamiken in ihrer Unbedingtheitsstruktur miteinander vereint und sie als gemeinsame Ursprungsdynamik ihres eigenen Wesens begreiflich macht. Der Begriff des Unbedingten wird damit als Grund einer nach unbedingter Einheit strebenden und zugleich diese Einheit hinterfragenden und auf Differenz beharrenden Vernunft sichtbar. Inhaltlich positiv bestimmen kann Vernunft diesen Begriff nicht. Vielmehr ist er ein Grenzbegriff, der eine Kritik aller endlichen Bemächtigungen des Unbedingten leisten kann und der das Bedingte immer neu auf die Dynamik des Unbedingten hin öffnen kann.

Aus den in Kapitel 4 gemachten Ausführungen ergibt sich bereits, dass der trinitätstheologisch konturierte Gottesbegriff in besonderer Weise dazu geeignet ist, den hier angedeuteten Begriff des Unbedingten weiter zu konkretisieren. Denn die in der Trinität durch die relational strukturierte Verschiedenheit der unterschiedlichen Instanzen in Gott postulierte Einheit liegt genau auf der Linie der von der Vernunft postulierten Unbedingtheitsstruktur. Wichtig ist es dennoch, die Trinitätslehre und die christliche Offenbarung nicht einfach als Erfüllung der Erwartungen der Vernunft erscheinen zu lassen. Offenbarungstheologie muss hier immer einen Mittelweg halten zwischen dem Ausweis einer Korrelation von Vernunft und Offenbarungsgeschehen, wie er im liberalen Denken schulbildend geworden ist, und dem Ausweis der Unableitbarkeit der Offenbarung, wie er der postliberalen bzw. neo-orthodoxen Theologie so wichtig ist.

Um hier die Balance zu halten, ist auch aus transzendentalphilosophischer Perspektive folgende Feststellung wichtig: Eine Offenbarung meint niemals einfach nur die Erfüllung meiner Bedürfnisse. Gerade eine Offenbarung des Unbedingten zielt auf etwas, was im Bedingten nicht erwartbar sein kann. Offenbarung zielt auf das Unverrechenbare, sie gibt mir mehr als ich erwartet hatte, sie weitet meinen Horizont, sie dreht mich um und macht mich neu.

Offenbarung ist also nicht durch Vernunft begrifflich zu antizipieren. Sie ist immer mehr als das von uns Erwartete und Erhoffte. Die Wirklichkeit des Unbedingten übersteigt den Begriff des Unbedingten. Eben deshalb hatte ich den Begriff des Unbedingten als Grenzbegriff und Richtungsanzeige entwickelt, also als regulative Idee und nicht als dinglichen Sachverhalt.

Auch wenn Offenbarung also von Vernunft nicht unabhängig von ihrem Ergangensein inhaltlich bestimmt werden kann, kann Vernunft autonom die Dynamik charakterisieren, die ihr durch eine Offenbarung Gottes erschlossen werden müsste, wenn es sich tatsächlich um eine Offenbarung des Unbedingten handeln soll: eine Dynamik allumfassenden Neusehens und Verstehens, in der Grenzen überschritten, Horizonte geweitet und neu erschlossen werden, in der das Leben reich und die Wirklichkeit in ihrem Eigensten richtig gewürdigt wird. Es kann bei einer Offenbarung, die zu Recht behauptet, das Unbedingte zu eröffnen, also an keiner Stelle zu einer Negierung eines richtigen Verstehens der Wirklichkeit kommen, sondern es muss immer um Weitung meiner Würdigung der Wirklichkeit gehen. Zugleich müsste diese Dynamik Verweis auf eine Wirklichkeit sein, die mein Verstehen als Vorläufiges demaskiert und mich öffnet für eine Andersheit, die nur als Grenze meines Horizontes bestimmbar ist.

Offenbarung erschüttert die Vernunft und wendet sie um – wie Paul Tillich es zu Recht ausgeführt hat. Dennoch bleibt aus transzendentalphilosophischer Sicht zweierlei möglich und gefordert. Zum einen die kohärente Explikation des als Offenbarungsereignis Behaupteten mit der umgewendeten Vernunft – also aus der Perspektive des Glaubens (zumindest diesen Punkt muss auch eine postliberale Theologie leisten und zugeben). Zum anderen der Aufweis der Korrelation des so Explizierten mit der transzendental aufweisbaren Dynamik der Vernunft, die ich soeben angedeutet habe. Diesen zweiten Punkt will ich noch etwas näher erläutern.

Vernunft, die die Dynamik des Unbedingten als ihren eigenen Grund erkennt, weiß um ihre eigenen Grenzen. Sie kann diese Grenzen von der Dynamik des Unbedingten her positiv würdigen. Allerdings darf sie ihre Begrenztheit nicht nur theologisch behaupten, sondern muss sie autonom philosophisch aufweisen, indem sie je neu die Götzen scheinbarer Totalerklärung der Wirklichkeit zerstört.

Mit Rahner und Tillich kann Theologie die Suchbewegungen endlicher Vernunft aufzeigen und als Ausgreifen nach dem Unbedingten kennzeichnen. Auch wenn Gott nicht einfach die passgenaue Erfüllung der menschlichen Sehnsüchte, sondern deren positiv überbietende Erfüllung ist, so kann das oben skizzierte Ausgreifen der menschlichen Vernunft nach dem Unbedingten als Anknüpfungspunkt für die vernunftgemäße Explikation religiösen Glaubens dienen. Gerade weil sie die Wirklichkeit des Unbedingten unterbietet und sich von ihr weiten lassen muss, ist eine rationale Explikation des Unbedingten auf unterschiedlichen Wegen, also in verschiedenen Symbolsystemen der Theologien möglich. Rational festhalten lässt sich nur, dass die Behauptung einer Wirklichkeit des Unbedingten den zuvor eruierten autonom philosophischen Begriff des Unbedingten nicht unterbieten darf.

Theologie muss zweierlei leisten:

Konsistente und kohärente Explikation der ergangenen Offenbarung	Eruierung eines Begriffs des Unbedingten als transzendierende Dynamik auf die den Begriff übersteigende Wirklichkeit des Unbedingten hin

Vom Standpunkt der Vernunft her erscheint es also als notwendig, eine breite Pluralität von Theologien zuzulassen, um in unterschiedlichen Denkbewegungen Zeugnis von der Dynamik der Vernunft und in unterschiedlichen Symbolsystemen Zeugnis vom Ergangensein der Offenbarung zu geben. Ob man ein derartiges Plädoyer nicht nur im Blick auf Theologien innerhalb des Christentums verstanden wissen darf, wollen wir im folgenden Kapitel im Blick auf das Verhältnis des christlichen Offenbarungsanspruchs zu den Ansprüchen anderer Religionen bedenken.

Literatur

Pröpper, Thomas, Erlösungsglaube und Freiheitsgeschichte. Eine Skizze zur Soteriologie. 2., wesentl. erw. Aufl., München 1988 *(innovativer, eigenständiger und hochinteressanter Entwurf zur Soteriologie aus der Perspektive neuzeitlichen Freiheitsdenkens, der auch die Grundlagen für eine transzendentalphilosophische Verantwortung christlichen Offenbarungsdenkens bietet).*

Verweyen, Hansjürgen, Gottes letztes Wort. Grundriß der Fundamentaltheologie, Regenburg [3]2000 (Lit.!) *(profilierter, schwer zu verstehender Entwurf einer erstphilosophischen Verantwortung christlichen Glaubens;*

beispielhafte transzendentalphilosophische Verantwortung christlichen Offenbarungsdenkens im Fahrwasser Fichtes).

Werbick, Jürgen, Den Glauben verantworten. Eine Fundamentaltheologie, Freiburg-Basel-Wien [3]2005 *(profilierte Einführung in die Fundamentaltheologie mit erhellendem Kapitel zur Offenbarungstheologie, das auch ohne Lektüre des restlichen Werkes gut verständlich ist).*

7. Offenbarung als Thema der Theologie der Religionen

Die Verantwortung des christlichen Offenbarungsglaubens gewinnt dann an Überzeugungskraft, wenn man die Frage, ob der eigene Wahrheitsanspruch den Ansprüchen und Selbstverständigungen anderer Religionen überlegen ist, nicht auf allgemeiner modelltheoretischer Ebene zu lösen versucht. Vielmehr geht es darum, unterschiedliche Theologien der verschiedenen Religionen miteinander ins Gespräch zu bringen, um auszuloten, unter welchen Voraussetzungen eine Verständigung hergestellt werden kann und in welchen Situationen es einer klaren Abgrenzung bedarf.

Der christliche Glaube an die Definitivität, Unüberbietbarkeit und Unüberholbarkeit der eigenen Offenbarung erregt in der Gegenwart gerade unter aufgeklärten und liberal denkenden Menschen immer mehr Anstoß. Dass Jesus Christus „der Weg, die Wahrheit und das Leben" (Joh 14,6) für alle Menschen aller Zeiten sein soll und dass in ihm das universale Heilsangebot Gottes geschichtliche Wirklichkeit geworden ist, wird von dem pluralistischen Selbstverständnis vieler unserer Zeitgenossen kaum noch verstanden. Die Frage ist, ob und wie es möglich ist, an diesem christlichen Kernbekenntnis und damit an der Normativität des christlichen Offenbarungsglaubens festzuhalten, ohne nichtchristliche Religionen und Weltanschauungen abwerten zu müssen, und ob und wie eine Wertschätzung von Pluralität und Andersheit mit dem christlichen Universalitätsanspruch verbunden werden kann.

Die Ausführungen in den bisherigen Kapiteln, insbesondere in Kapitel 4, sollten deutlich gemacht haben, dass die erlösende Zusage der Liebe Gottes nur dann als geschichtlich unüberbietbare und irreversible Wirklichkeit anerkannt wird, wenn bekannt wird, dass Jesus von Nazareth die unüberbietbare, definitive und normative Selbstoffenbarung Gottes ist. Von daher hängt der christliche Heils- und Erlösungsglaube in seinem Zentrum davon ab, dass in der Christologie keine falschen Kompromisse eingegangen werden und der Glaube an Jesus als den Christus nicht zum Glauben an einen Propheten oder

Heilsmittler neben anderen depotenziert wird. Der Glaube an die Selbstoffenbarung Gottes in Jesus Christus ist für das Christentum unverzichtbar. Dadurch stellt sich die Frage, wie dieser Universalitätsanspruch mit einer Wertschätzung nichtchristlicher Anschauungen verbunden werden kann. In diesem Kapitel will ich zeigen, wieso die gängigen Antworten auf diese Frage in der gegenwärtigen religionstheologischen Diskussion nicht zu überzeugen vermögen und stattdessen eine neue Herangehensweise an die Theologie der Religionen vorstellen, die es erlaubt, Andersheit zu würdigen, ohne den Anspruch auf Heilsuniversalität durch, mit und in Christus zu revidieren oder auch nur zu depotenzieren.

7.1 Zur Kritik an den gängigen Lösungsmodellen in der Theologie der Religionen

In der gegenwärtigen Debatte um die Theologie der Religionen haben sich vor allem zwei Lösungsmodelle herausgebildet, die beide versprechen, die Anerkennung nichtchristlicher Religionen ohne Preisgabe der christlichen Glaubenstradition denken zu können: der Inklusivismus und der Pluralismus. Auch wenn der Pluralismus auf den ersten Blick sympathischer zu sein scheint, ist innerhalb der Grenzen der katholischen Kirche der Inklusivismus deutlich beliebter und lehramtlich sogar scheinbar als alternativenlos vorgegeben. Ich will meine Überlegungen deshalb mit einer Auseinandersetzung mit dem Inklusivismus beginnen.

Der religionstheologische Inklusivismus geht davon aus, dass die Anerkennung der Selbstoffenbarung Gottes in Jesus Christus das Christentum in eine allen anderen Religionen überlegene Rolle versetzt, auch wenn sich Teile der christlichen Wahrheit auch in anderen Religionen finden und das Christentum durchaus etwas von den anderen Religionen lernen kann. Trotz dieser Lernbereitschaft könne das Christentum aber aus christologischen Gründen nicht darauf verzichten, die Endgültigkeit und Normativität und damit auch Superiorität des in ihm bezeugten Logos gegenüber allen anderen Wahrheitsansprüchen zu bekennen. Die Treue zum Bekenntnis zu Jesus als dem Christus schließe es aus, andere Bekenntnisse als möglicherweise gleichwertig anzuerkennen. Denkbar sei lediglich, dass in den nichtchristlichen Religionen Spuren des Logos begegnen, der in Jesus Christus seine volle und umfassende Gestalt gefunden hat.

Die klassische Begründung für diese Position bei Karl Rahner geht von den beiden folgenden Prämissen aus. Einerseits verlange das christliche Bekenntnis, dass ich das Heil allein in Jesus Christus verwirklicht sehe. Andererseits bezeuge das Christentum den allgemeinen Heilswillen Gottes (1 Tim 2,4), der dazu führen müsse, dass alle Menschen auch unabhängig von ihrem Glauben in geschichtlich konkreter Weise mit dem Heilsangebot Gottes in Kontakt kommen. Denn es sei mit der Vorstellung eines bedingungslos liebenden Gottes schlechterdings unvereinbar, dass dieser Gott solche Menschen vom Heil ausschließe, die nie mit der Botschaft des Christentums konfrontiert worden sind. Wenn es aber Heil nur in Christus gibt (Prämisse 1) und es andererseits auch außerhalb der sichtbaren Grenzen des Bekenntnisses zu Jesus als dem Christus Heil geben muss (Prämisse 2), muss man annehmen, dass Menschen auch ohne explizites Bekenntnis zu Christus bzw. ohne Wissen von ihm durch ihn ihr Heil wirken können. Karl Rahner nennt diese Menschen „anonyme Christen“, weil sie nicht wissen, dass sie ihr Heil in Christus wirken. Seine Position ist insofern inklusivistisch, als er Christen dazu einlädt, das für sie selbst erhoffte auch anderen zuzusprechen und damit den Heilsanspruch nicht exklusiv, sondern inklusiv zu verstehen; Jesus ist nicht nur für uns gestorben, sondern für alle.

Ein Hauptargument für diese Sichtweise ist eschatologisch strukturiert. Wenn man annimmt, dass Jesus von Nazareth uns und allen Menschen als Weltenrichter begegnet und wir in unserem Tod also nicht in das namenlose Geheimnis Gottes fallen, sondern vom Gottmenschen Jesus Christus in die Arme genommen werden, ist es logisch unmöglich, andere Glaubensweisen als gleichwertig anzunehmen, weil dann unsere eschatologische Heilsgewissheit schwinden würde. Dann liegt das Heil eben zumindest eschatologisch allein in Christus.

Ergänzen könnte man dieses Argument durch die Überlegungen, die wir in Kapitel 4 angestellt haben. Wenn Gott die Liebe ist und um die Liebe der Menschen werben will, muss er diese in Knechtsgestalt darstellen und Mensch werden. Von daher ist das Bestehen darauf, dass in Jesus von Nazareth tatsächlich der Liebeswille und das Wesenswort Gottes selbst erfahrbare Wirklichkeit geworden ist, unaufgebbarer Bestandteil des christlichen Glaubens. Wenn in Christus das Unbedingte selbst Gestalt findet, wie sollte dann dieses Bekenntnis durch die Offenbarungsinhalte anderer Religionen erreicht oder gar überboten werden?

So überzeugend diese Position auf den ersten Blick zu sein scheint und so wohltuend sie sich auch von jeder exklusiven Verhältnisbestimmung zu den nichtchristlichen Religionen abhebt, die alles Nichtchristliche auf dem direkten Weg zur Hölle wähnt, so wenig vermag sie aus christlicher Sicht doch zu überzeugen. Es sind vor allem zwei Gründe, die es schwierig machen, sich dem religionstheologischen Inklusivismus anzuschließen – und beide Gründe folgen aus dem Kern des christlichen Glaubens.

Das erste Argument lässt sich gut an einem viel zitierten Ausspruch des bekannten Neo-Hindu Radhakrishnan verdeutlichen, der folgende Einsicht formuliert:

> Die Götter anderer Menschen verachten heißt diese Menschen verachten, denn sie und ihre Götter gehören zusammen.[24]

Sicher wird man hier noch einwenden können, dass es nicht automatisch Verachtung eines anderen Menschen nach sich zieht, wenn man seinen Glauben ablehnt. Aber das Christentum verlangt nicht nur, den Nächsten nicht zu verachten, sondern ihn zu lieben. Das Christentum will nicht nur tolerierende Duldung, sondern liebende Wertschätzung. Ist aber Liebe möglich, wenn ich so etwas Zentrales wie den religiösen Glauben des Nächsten abwerte und als minderwertig ansehe? Ich habe da Zweifel und sehe hier zumindest eine erste bleibende Anfechtung für eine inklusivistische Position, die man nicht vorschnell und vollmundig dadurch lösen sollte, dass man das Personsein des Anderen und seine religiöse Identität trennt oder dadurch dass man Anerkennung mit Duldung verwechselt.

Ein zweites Argument scheint mir sogar noch stärker zu sein als dieses erste. Es geht von der Trinitätstheologie aus und macht sich die oben bereits explizierte Überlegung zueigen, dass in Gott gerade die Andersheit als Andersheit es ist, die Einheit und damit Liebe und Anerkennung ermöglicht. Gerade weil der Sohn restlos verschieden vom Vater ist, kann sein Bezogensein auf ihn als restloses gedacht werden. Die Einheit der trinitarischen Personen gründet gerade in ihrer Verschiedenheit, die auch durch das perichoretische (= in wechselseitiger Verwobenheit dynamisch bestehende) Liebesgeschehen der Trinität nicht aufgehoben wird. Wenn in Gott aber bleibende Verschiedenheit der Grund von Liebe und Einheit ist, stimmt er die Verschiedenheit des religiös Anderen nachdenklich, wenn der Grund für seine Abwertung ist. Natürlich kann es Verschiedenheit, auch religiöse Verschiedenheit, geben, die abgelehnt werden muss, die nur toleriert, nicht aber geliebt werden kann – oder im Extremfall auch Andersheit, die nicht einmal toleriert werden kann, etwa dann, wenn der Andere in seiner Andersheit Dritte (und damit andere Andersheit) negiert. Will der Andere Andersheit vernichten, kann seine Andersheit nicht mehr die Bedingung der Möglichkeit von allumfassender Einheit sein und seine Andersheit muss und kann auch aus trinitätstheologischer Sicht nicht geliebt werden.

Es ist allgemein bekannt, dass Religionen gerade heute immer wieder zur Abwertung Anderer verwendet werden, so dass es hier nicht darum gehen soll, eine bedingungslose Anerkennung religiöser Andersheit zu fordern. Aber in solchen Fällen ist nicht die Andersheit des Anderen als solche der Grund für die Unmöglichkeit seiner Wertschätzung, sondern die Art, wie er seine Andersheit inhaltlich bestimmt. Das Problem des Inklusivismus ist nun aber, dass er *per definitionem* nur das anerkennen kann, was explizit oder anonym gleichförmig ist. Eben aus dieser Grundeinstellung heraus, die den christlichen Inklusivisten dazu zwingt, alles nicht Christusförmige abzulehnen, weil und insofern es nicht christusförmig ist, entsteht das hier benannte Problem, dass Andersheit abgelehnt wird, weil und sofern sie anders ist. Und genau diese Haltung ist es, die der Trinitätstheologie widerspricht.

Wenn die genannten Argumente zutreffend sind, ist der religionstheologische Inklusivismus keine überzeugende christliche Position. Leider gilt dies auch für seine meist diskutierte Alternative, den Pluralismus, wie ich im Folgenden kurz zeigen will.

Der Pluralismus besagt, dass auch in wichtigen nichtchristlichen Religionen (meistens ist die Rede von allen nichtchristlichen Weltreligionen) genauso viel heilshafte Wahrheitserkenntnis enthalten ist wie im Christentum. Das Christentum und die (meisten) anderen Weltreligionen seien deshalb als gleichwertig anzuerkennen und die Anhängerinnen und Anhänger anderer Religionen könnten in ihrer Andersheit als Andere geliebt werden. Offenbarung komme eben nicht nur einmal, sondern in einer irreduziblen Vielfalt vor. Das klingt zunächst einmal außerordentlich sympathisch und scheint die bisher geäußerten Bedenken ernst zu nehmen und einen eigenen Lösungsentwurf zu bieten.

Das Hauptproblem für die pluralistische Theoriebildung besteht nun allerdings darin, dass die verschiedenen Religionen, die angeblich alle gleich viel Heil und Wahrheit enthalten, sich an vielen Stellen widersprechen, was Heil und Wahrheit sind und wie diese erreicht werden können. Die übliche pluralistische Antwort auf diesen Einwand besteht darin, dass in der Tradition negativer Theologie der Gedanke stark gemacht wird, dass wir das Wesen Gottes bzw. des Realen nicht kennen können und dass deshalb auf geheimnisvolle

Weise die scheinbar widersprüchlichen Aussagen der Religionen über Gott bzw. das Reale ineinander vermittelbar sein können. Die scheinbar unauflöslichen Widersprüche resultierten einfach aus unterschiedlichen Perspektiven, die jeweils für uns unhintergehbar seien, so dass wir aus unserer menschlich, allzu menschlichen Perspektive nicht herausfinden können, welche Religion am meisten Heil und Wahrheit enthalte. Die empirische Beobachtung spreche dafür, dass alle Weltreligionen gleich viel Wahrheit und Heil vermittelten, weil alle Traditionen etwa gleich viel Gutes und gleich viele bewundernswerte Menschen hervorgebracht hätten. Deshalb sei es rational, die pluralistische Hypothese zu vertreten, auch wenn man natürlich nicht wissen könne, ob sie wahr sei.

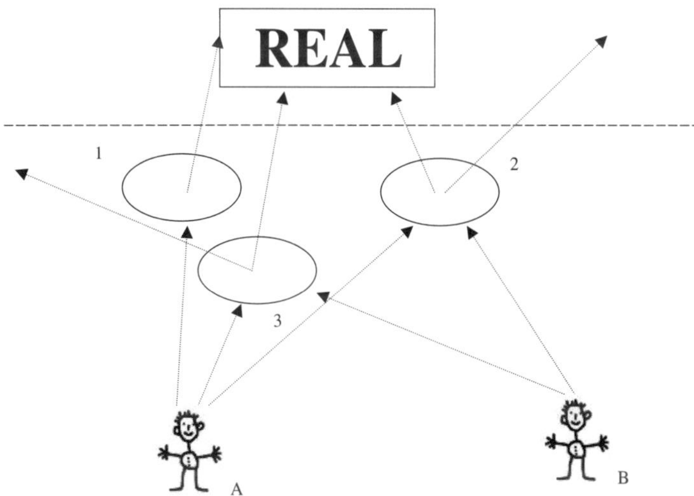

Während Männchen A Religion/ Linse 1 oder 3 wählen kann, um zum Realen (= religionsneutrale Chiffre für Gott) zu gelangen, bei Linse 2 aber mit großer Wahr-scheinlichkeit das Reale verfehlt, ist es für Männchen B ratsam Religion/ Linse 2 zu wählen. Die anderen Religionen würden B in die Irre führen oder sind für B gar nicht sichtbar. Jeder Mensch muss schauen, welche Religion zu ihm passt. Findet er die passende Religion, erschließt sich ihm ein bestimmter Ausschnitt des Realen.

Die verschiedenen pluralistischen Hypothesen kranken in meinen Augen an folgenden vier miteinander zusammenhängenden Kernproblemen. Um das Problem der widerstreitendenden Wahrheitsansprüche (1) entschärfen zu können, müssen die kognitiv-propositionalen Gehalte derart relativiert werden, dass am Ende eigentlich gar nichts Positives über Gott gesagt werden kann. Damit werden aber die Ansprüche von Religionen wie dem Christentum oder dem Islam, die behaupten, das Gott etwas Verständliches und Klares über sich oder seinen Willen mitgeteilt hat, in einer Weise relativiert, die von orthodoxen Gläubigen nicht hingenommen werden kann (2). Wenn die Ansprüche der eigenen Religion so stark relativiert werden, fragt sich, woraus man ein Kriterium zur Beurteilung anderer Religionen und Weltanschauungen gewinnen soll. Bestimmt man dieses Kriterium rein ethisch, so droht eine nicht sachgemäße Reduktion von Religion auf Ethik. Bestimmt man das Kriterium aus der eigenen religiösen Tradition heraus, stellt sich die Frage nach der Legitimität der Anwendung eines so perspektivisch relativierten Kriteriums zur Bewertung anderer Perspektiven. Außerdem wird sich aus der eigenen religiösen Tradition heraus nur bei willkürlicher Selektion der in ihr vorhandenen Kriterien eine Gleichwertigkeit der Religionen begründen lassen. Bestimmt man das Kriterium deshalb so formal, dass eigentlich niemand etwas gegen dieses Kriterium sagen kann, läuft das scheinbare Kriterium nur auf eine Überhöhung des common sense hinaus und die scheinbare kriteriale Beurteilung der Religionen ist eigentlich nur eine *petitio principii* zur Legitimation der pluralistischen Hypothese (3). Schließlich fragt sich, wie sich der hypothetisch gewählte Gottesgesichtspunkt der pluralistischen Hypothese legitimieren lässt. Wird zu einer solchen Hypothesenbildung auf philosophischer Ebene nicht eine Form des metaphysischen Realismus benötigt, gegen die es aus rein philosophischen Gründen schon seit Kant, viel deutlicher aber noch seit Wittgenstein durchschlagende Argumente gibt (4)?

Die genannten vier Argumente machen es mir unmöglich, der pluralistischen Hypothese zuzustimmen. Ich argumentiere daher dafür, dass man weder im Rahmen des Inklusivismus noch im Rahmen des Pluralismus eine sachgemäße Explikation des christlichen Offenbarungsanspruchs und der Heilsuniversalität Jesu Christi leisten kann. Welche Alternative bleibt?

7.2 Komparative Theologie als Alternative zu Inklusivismus und Pluralismus

Wenn man Religionen als Ganze vergleichen will, muss man sich entscheiden, ob man sie als gleichwertig ansehen (Pluralismus) oder eine Religion als der anderen überlegen ansehen will (Inklusivismus). Beide Ansichten führen aus christlicher Sicht in Aporien (= ausweglose Situationen). Von daher scheint es mir legitim zu sein, einmal zu überlegen, ob es überhaupt eine sinnvolle Möglichkeit gibt, herauszufinden, ob verschiedene Religionen gleich wahr sind oder ob eine Religion einer anderen überlegen ist. Voraussetzung eines solchen Vergleichs müsste die Annahme sein, dass Religionen Systeme darstellen, die durch spezifische Inhalte oder Praktiken definiert sind. Nur wenn es bestimmte feste Glaubenselemente und rituelle Vollzüge gibt, die alle Angehörigen der einen Religion von der zu vergleichenden Religion unterscheiden, kann man die Wahrheit oder Leistungsstärke der jeweiligen Religion bewerten. Ganz abgesehen von der schwierigen kriterialen Frage, wie und anhand welcher Kategorien man eine solche Bewertung vornehmen soll, setzt der Vergleichs- und Bewertungsvorgang also eine starre Bedeutung von bestimmten Glaubenselementen in den jeweiligen Religionen voraus. Eben diese starre Bedeutung existiert in den Religionen nicht, so dass das Unterfangen einer allgemeinen Bewertung der Wahrheits- und Heilsansprüche von Religionen ein notwendig unsinniges Unterfangen ist.

Nehmen wir nur das Beispiel, das uns in unserem Kulturraum vermutlich am Vertrautesten ist: das Christentum. Was genau haben Quäker und tridentinische Katholiken gemeinsam, das uns berechtigt, sie als Christen zu bezeichnen und ihre gemeinsamen Wahrheitsansprüche mit den Ansprüchen einer anderen Religion zu vergleichen? Oder bleiben wir in der katholischen Kirche und nehmen wir Kernbekenntnisse des katholischen Glaubens, wie die, dass Gott die Liebe ist, dass er sich in Christus als der Herr erwiesen hat oder dass Jesus geboren ist aus der Jungfrau Maria? Was genau bedeutet die Rede von der Jungfräulichkeit Mariens? Besagt sie, dass Maria tatsächlich biologisch Jungfrau war oder besagt sie lediglich, dass die Menschwerdung Gottes nur aufgrund eines exklusiv-innovatorischen Handelns Gottes möglich ist, ohne dass damit etwas darüber gesagt wird, wer der biologische Vater Jesu ist? Diese Frage ist unter liberalen und konservativen Vertretern des katholischen Glaubens umstritten, auch wenn sie wegen ihrer lehramtlichen Normierung selten offen diskutiert wird. Was bedeutet das Herrsein Christi? Hat es seinen tiefsten Ausdruck in der Knechtsgestalt des Kreuzes oder braucht es auch die Herrlichkeitsgestalt der Auferstehung, um sie erkennen zu können? Zeigt sich Jesu Sieg über den Tod schon am Kreuz oder erst im Nachhinein durch ein Eingreifen Gottes an dem toten Jesus? Auch dieser Punkt ist theologisch umstritten und wird offen diskutiert, ohne dass diese Debatte lehramtlich normiert wird. Für die Konsistenz des katholischen Glaubens ist diese Frage aber außerordentlich wichtig. Und was genau ist eigentlich Liebe? Hier wird am deutlichsten, wie stark die Glaubenselemente auch subjektive und kulturelle Grundüberzeugungen transportieren. Lange Zeit war es klar, dass Gottes Liebespädagogik so strukturiert ist, dass sie auch Zwang und Strafe zum Wohl des Menschen einsetzt. Heute würden wohl die meisten Christen zumindest in unserem Kulturkreis sagen, dass Gottes Liebe niemals zwingt und dass das Gesetz der Liebe bedingungslose Freisetzung ist. Aber was heißt diese Freisetzung? Will tatsächlich jemand behaupten, dass er diese Frage in einer Weise beantworten kann, die für alle Christen oder auch nur alle Katholiken Gültigkeit beanspruchen kann? Natürlich will ich nicht bezweifeln, dass es eine wahre Antwort auf diese Frage gibt und ich will noch viel weniger bezweifeln, dass diese wahre Antwort im katholischen und christlichen Glauben gefunden werden kann. Und ich habe verschiedentlich für eine bestimmte Antwort auf diese Frage argumentiert, die ich für die wahre halte[25].

Aber auch wenn ich noch so sehr von der Richtigkeit meiner Auffassung überzeugt bin, so muss ich doch anerkennen, dass es andere Antworten in der eigenen Tradition gibt, die mindestens so repräsentativ für das Christentum sind wie meine eigene. Bei der Betrachtung dieser Antworten fällt mir ihre erstaunliche Nähe zu Antworten anderer religiöser Traditionen auf. Ein konservativer Christ und ein konservativer Muslim könnten sich sofort nicht nur darauf einigen, dass Homosexualität und jeder außereheliche Geschlechtsverkehr eine Sünde sind, sondern auch darauf, dass die Jungfräulichkeit Mariens strikt biologisch zu verstehen ist. Vielleicht ist auch ihr Gottesbild bei genauerem Hinschauen viel ähnlicher als sie denken und mir scheint es oft so, als seien ihre Gemeinsamkeiten in Sachen des Glaubens viel größer als die Gemeinsamkeiten, die zwischen einem konservativen und einem liberalen Christen bestehen. Selbst bei Kernfragen des Glaubens wie dem Gottesbild und dem, was Menschwerdung Gottes eigentlich bedeutet, gibt es hier jedenfalls erstaunliche Unterschiede, die noch einmal stärker werden, wenn man nicht nur synchron, sondern auch diachron auf unterschiedliche Gestalten des Christentums blickt.

Welche Interpretation des religiösen Glaubens wähle ich nun aber, wenn ich in den interreligiösen Vergleich gehe? Welche Interpretation des Glaubens des Anderen darf ich als maßgeblich annehmen? Ist es wirklich sinnvoll, herausfinden zu wollen, welche Religion die wahrere ist, wenn man nicht einmal innerhalb einer so stark normierten Religion wie dem römisch-katholischen Christentum an allen wichtigen Stellen Einigkeit darüber erzielen kann, was genau eigentlich den eigenen Glauben ausmacht – ein Problem, das in allen anderen Religionen und Christentümern in potenzierter Form auftritt?

Durch diese Fragen will ich nicht den Eindruck erwecken, dass man auf interreligiöse Vergleiche verzichten sollte oder dass man es vermeiden sollte, in solchen Kontexten die Wahrheitsfrage zu stellen. Ich will nur dafür werben, bestimmte, in ihrer Bedeutung klar umrissene Perspektiven auf Religion aufeinander zu beziehen, statt Religionen als Gesamtsysteme zu vergleichen. Diese Perspektiven bzw. diese Interpretationen einer Religion sollten möglichst repräsentativ für relevante Strömungen in dieser Religion sein. Aber sie können niemals beanspruchen, diese insgesamt abzudecken. Zudem sind Strömungen innerhalb von Religionen auch in sich heterogen. Auch viele liberale Christen haben etwa in der Abtreibungsfrage strikt lebensschützende und damit konservative Ansichten, auch wenn sie bei der Verwendung künstlicher Empfängnisverhütungsmittel keine Gewissensbisse haben. Aber dies ist nicht immer so, so dass es je nach Lebensgeschichte und kulturellem Umfeld sehr unterschiedliche Ausprägungen derselben Religion gibt. Die Glaubenshaltungen von religiösen Menschen sind sowohl in ethischen als auch in dogmatischen Fragen sehr unterschiedlich und die Interpretationen sind hier an vielen Stellen im Fluss. Also ist es wichtig, jeweils ein bestimmtes Thema für einen interreligiösen Vergleich auszuwählen, das dann aus jeweils ganz konkret umrissenen Perspektiven betrachtet wird.

Wenn man wie in diesem Buch das Offenbarungsthema als Vergleichspunkt wählt, kann man ein christlich kommunikationstheoretisch geprägtes Modell mit einem ähnlich dialogisch angelegten muslimischen Modell vergleichen. Dann müsste man aber noch präzisieren, ob das christliche Modell eher anthroporelational oder strikt theozentrisch konzipiert, also eher von Rahner oder von Barth inspiriert ist. Und beim muslimischen Modell müsste man überlegen, ob es (wie die Ascheriten) von einer Ungeschaffenheit des Qur'an aus denkt oder (wie die Mu'taziliten) von seiner Geschöpflichkeit, ob seine Unnachahmlichkeit primär ästhetisch oder primär inhaltlich gefasst wird, usw. (siehe Kapitel 9). Erst wenn man solche Näherbestimmungen vollzogen hat, kann man feststellen, ob die so präzisierten religiösen Überzeugungen miteinander kompatibel sind oder sich widersprechen. Erst auf dieser mikrologischen Ebene kann also die Wahrheitsfrage gestellt und entschieden werden. Das Ergebnis kann dann zwar sehr erhellend für den eigenen Glauben sein, es kann aber auch ermöglichen, Andersheit neu wahrzunehmen und wertzuschätzen. Das Ergebnis kann dazu führen, im eigenen Glauben bestärkt oder irritiert zu sein; es kann genauso zur Konfession wie zur Konversion animieren. Aber auch wenn das Ergebnis den eigenen Standpunkt verändern kann, wird es nie dazu führen, dass man am Ende weiß, welche Religion vom Gottesgesichtspunkt her die wahrere ist – eben weil es Religion als Trägerin eines festen und damit analysierbaren Bedeutungsumfangs gar nicht gibt.

Verzichtet man deswegen bewusst auf die Entscheidung der Wahrheitsfrage in Bezug auf Religionen als Ganze, so hört man auf, im klassischen Sinne auf der Ebene von Modellbildungen Theologie der Religionen zu treiben. Nichts an diesem Verzicht zwingt dazu, die jeweils aus der eigenen Perspektive erhobenen kontextualisierten Wahrheitsansprüche preiszugeben. Im Gegenteil zwingt gerade die Einsicht in die eigene Perspektivität dazu, die eigenen Wahrheitsansprüche immer neu zu hinterfragen und im komparativen Gespräch mit Anhängern und Anhängerinnen anderer Weltanschauungen und Religionen immer neu zu erproben und anders zu verstehen. Theologie, die auf diese Weise versucht, im Hin- und Hergehen zwischen verschiedenen religiösen und weltanschaulichen Traditionen in mikrologischer Konzentration auf bestimmte Probleme im Kontext genau bestimmter Horizonte nach der Wahrheit zu suchen, bezeichnet man als Komparative Theologie.

Diese neue Richtung von Theologie will keine fertige Lösung oder ein Patentrezept für den Dialog und die Theologie der Religionen aufzeigen. Sie steht eher für einen zu beschreitenden und nie zu beendenden Weg. Sie lädt ein zu einem neuen Denkstil und einer neuen Methodik in der Theologie, der grundsätzlich alle Fächer der Theologie, aber auch die Ausrichtung des Religionsunterrichts betrifft. Es geht ihr darum, im Gespräch mit dem konkreten Anderen das Eigene neu und anders zu verstehen und so auch neue Perspektiven auf den Anderen zu ermöglichen, die Wertschätzung auch an Stellen erlaubt, die bisher als unmöglich erschienen, ohne deshalb differenzlos alles für gleich wahr zu halten. Komparative Theologie will also dazu ermutigen, ausgewählte, spannende und herausfordernde Interpretationen von Religion und ihren Offenbarungsansprüchen miteinander ins Gespräch zu bringen, um in der eigenen Wahrheitssuche weiterzukommen.

7.3 Komparative Theologie und die Heilsuniversalität Christi

Welche Folgerungen für das Verständnis der Heilsuniversalität Christi und des christlichen Offenbarungsanspruchs ergeben sich nun, wenn man sich der Methodik Komparativer Theologie in der von mir vorgeschlagenen Weise verschreibt? In der Methodik Komparativer Theologie kann ein Anspruch auf Heilsuniversalität nicht mehr metaphysisch oder transzendental-apriorisch abgesichert werden. In ihrer Perspektive gibt es keine transzendentale oder metaphysische Garantie für die Rechtfertigung oder auch nur Verständlichmachung des Anspruchs auf eine solche Heilsuniversalität. Denn eine diskursive Behandlung von Geltungsansprüchen über Kultur- und Religionsgrenzen hinweg kann wie überhaupt jedes Zeichenverstehen zwischen dem Eigenen und dem Fremden nur gelingen, wenn man eine Basis identifiziert, von der aus das gegenseitige Verstehen ermöglicht werden kann. Nach Wittgenstein besteht diese Basis im Letzten in der „gemeinsamen menschlichen Handlungsweise“[26], die als weltbildübergreifende Größe nicht garantiert werden kann, sondern sich im gelingenden Verstehen zeigt. Daraus folgt allerdings nicht, dass ein universal bedeutsamer Offenbarungsanspruch, wie ihn etwa das Christentum bei der Rede von der Heilsuniversalität Christi erhebt, illegitim oder unverständlich wäre. Wie die gemeinsame menschliche Handlungsweise kann sich die universale Berechtigung dieses Anspruchs (und auch seine Bedeutung!) aber nur zeigen, indem sich dieser Anspruch je neu im weltbildinternen Diskurs artikulieren und plausibilisieren lässt. Vor allem lässt sich nur in diesem Hineingehen ins Konkrete bestimmen, ob dieser Anspruch dem Anspruch des Anderen widerspricht oder ob er dessen Anerkennung ermöglicht oder sogar einfordert.

Ob eine universale Artikulierung der Heilsuniversalität Christi (bei gleichzeitiger Wertschätzung von Menschen anderer religiöser Traditionen und ihrer Wahrheitsansprüche) gelingt, kann man nicht a priori wissen. So wie ich den christlichen Glauben verstehe, kann er nicht darauf verzichten, die Heilsuniversalität Christi in dem Sinne zu behaupten, dass Jesus von Nazareth als normative, irreversible und unüberbietbare Gestaltwerdung der allen Menschen aller Zeiten geltenden bedingungslosen Selbstzusage Gottes geglaubt wird. Damit behauptet er beides: die einmalige Besonderheit Jesu Christi und die bedingungslose Liebe jedes Menschen. Die Bedeutung dieses Glaubens steht ebenso wie seine Geltung aber immer neu auf dem Spiel, wenn er sich in je neuen Sprachspielen und Lebensformen verständlich machen will.

Ob Christen bei ihren Versuchen, das Eigene im Fremden zu sagen und also auch die Heilsuniversalität Christi je neu verständlich zu machen und je neu den Fremden zu lieben, an ihre Grenzen kommen oder ob sich immer wieder auf der sich zeigenden gemeinsamen menschlichen Handlungsweise basierende neue Verständigungsmöglichkeiten ergeben, lässt sich nicht vor dem interreligiösen Dialog durch eine Art Einheitssprache sicherstellen. Biblisch gesprochen: Der Turm zu Babel ist zerstört; die Menschen sprechen nicht länger eine Sprache, sondern die Welt zerfällt in eine große Mannigfaltigkeit von Sprach- und Lebensformen. Eine Wahrheit kann es da nicht mehr durch den Bau eines Turmes bzw. die Herstellung einer Einheitssprache geben, sondern nur durch das geistgewirkte Sprechen der vielen Sprachen. Und ist nicht genau dieses Sagenkönnen des Eigenen im Fremden, dieses Sprechen der vielen Sprachen die grundlegende Erfahrung der Jüngerinnen und Jünger Jesu, die sie an Pfingsten aus ihren Häusern heraus und in die Welt gebracht hat? Wäre insofern in biblischer Sicht das Vertrauen auf eine sich zeigende gemeinsame menschliche Handlungsweise nicht genau die Perspektive, die die letzte Rechtfertigung des Glaubens nicht aus eigener Machtvollkommenheit garantieren will, sondern im Vertrauen auf das Wirken Gottes im Heiligen Geist immer neu zu realisieren sucht? Im Vertrauen auf den Geist, der das Wunder vollbringt, dass die Verkündigung des Glaubens durch Jesu Jüngerinnen und Jünger in jeder Sprache hörbar wird, und der die Menschen ratlos, bestürzt und fasziniert zur Frage drängt:

> Wieso kann sie jeder von uns in seiner Muttersprache hören: Parther, Meder und Elamiter, Bewohner von Mesopotamien, Judäa und Kappadozien, von Pontus und der Provinz Asien, von Phrygien und Pamphylien, von Ägypten und dem Gebiet Libyens nach Zyrene hin, auch die Römer, die sich hier aufhalten, Juden und Proselyten, Kreter und Araber, wir hören sie in unseren Sprachen Gottes große Taten verkünden (Apg 2,8-11).

Eben dieses Verstehen will Komparative Theologie immer neu ermöglichen, ohne dass dabei sicher wäre, was in Bezug auf die Wahrheits- und Heilsansprüche des Anderen aus dem eigenen Denken folgt. Will man in Bezug auf die Ansprüche anderer Religionen klarer sehen, muss man sich bestimmten Theologien dieser Religionen zuwenden und kann auf diese Weise dann zumindest auf mikrologischer Ebene Lösungsmöglichkeiten und Probleme für das oben benannte Grunddilemma skizzieren. Ich will dies im Folgenden wenigstens in Auseinandersetzung mit Judentum und Islam als den beiden mit dem Christentum am engsten verwandten Religionen kurz andeuten. Das Ziel kann dabei nach allem bisher Gesagten nicht sein, den Offenbarungsanspruch der jeweils anderen Religion zu rekonstruieren, weil gerade so die Hypostasierung von Religion vorausgesetzt würde, gegen die ich gerade argumentiert habe. Vielmehr geht es um unterschiedliche Denkmöglichkeiten von Offenbarung in diesen religiösen Traditionen und um die Sondierung von Verständigungsmöglichkeiten mit christlichen Theologien.

Literatur

Bernhardt, Reinhold/ von Stosch, Klaus (Hg.), Komparative Theologie. Interreligiöse Vergleich als Weg der Religionstheologie, Zürich 2009 *(Aufsatzsammlung mit vielen namhaften Vertretern der Komparativen Theologie).*

von Stosch, Klaus, Komparative Theologie als Herausforderung für die Theologie des 21. Jahrhunderts. In: ZKTh 130 (2008) 401-422 *(Erläuterung des Programms Komparativer Theologie).*

8. Offenbarung im Judentum

Offenbarung ist im jüdischen Glauben wesentlich an die Tora gebunden. Neben seiner konstitutiven Geschichtsbezogenheit, die es dem jüdischen Glauben unmöglich macht, Offenbarung als ein rein innerliches Ereignis zu sehen, ist der jüdische Offenbarungsglaube durch folgende drei Merkmale geprägt: die Rezeption von Offenbarung als Sprachereignis, das zur Handlungsanleitung wird, die Betonung der Bedeutung des zwischenmenschlichen Bereichs in der Offenbarung und die Herausstellung der irreduziblen Vielfalt der Interpretations- und Rezeptionsmöglichkeiten von Offenbarung.

Schon die für dieses Kapitel gewählte Überschrift ist alles andere als selbstverständlich. Denn man kann durchaus fragen, ob das Konzept und der Begriff der Offenbarung nicht so stark christlich imprägniert sind, dass man bei anderen Religionen lieber nicht von Offenbarung sprechen sollte. Für die fernöstlichen Religionen ist die Rede von Offenbarung in der Tat sehr missverständlich. Im Blick auf Judentum und Islam scheinen mir die strukturellen Ähnlichkeiten aber dennoch so bedeutsam zu sein, dass mir hier diese Bezeichnung gerechtfertigt zu sein scheint. Zumindest gibt es in beiden Religionen eine Vielzahl von Theologen und Theologinnen, die selbst den Offenbarungsbegriff verwenden.

Wenn Offenbarung meint, dass Gott etwas von sich mitteilt bzw. sein Wort dem Menschen sagt, so ist es offensichtlich, dass es eine solche göttliche Stimme auch im Judentum gibt. Sie besteht in der Tora. Die Tora ist die Weisung Gottes für sein Volk Israel und sie stammt nach rabbinischer Auffassung ganz und gar von Gott. An ihr darf nichts geändert werden und sie hat die höchste nur denkbare Autorität. Damit trat die Tora im rabbinischen Judentum an die Stelle des Tempels und wird zum einzigen „Ort“, an dem Gottes Weisung da ist.

Die spannende Frage ist nun aber, was genau zur Tora dazugehört. Zumindest im rabbinischen Judentum dürfte es Konsens sein, dass die Tora an erster und oberster Stelle die schriftliche Tora darstellt und aus den Büchern Genesis bis Deuteronomium der Bibel besteht.

Diese Bücher stellen also im engeren und eigentlichen Sinne die Tora dar. Sie werden als einzige im Gottesdienst ganz gelesen. Ihr Text steht auf einer nach strengen Vorschriften handgeschriebenen Pergamentrolle. Sie gelten als direkt von Gott offenbart.

Im weiteren Sinn gehören zur Tora aber auch die anderen Schriften des Alten und Ersten Testaments, also die Prophetenbücher und die sonstigen Schriften (Ketubbim) wie beispielsweise die Psalmen. Sie haben aus rabbinischer Sicht aber nicht die gleiche Autorität wie die Tora im engeren Sinn. Gleichgültig wie man hier das Verhältnis dieser unterschiedlichen Teile der Bibel zueinander bestimmt, so ist Tora erst dann im vollen Sinn sie selbst, wenn sie auch ausgelegt wird. Dies gilt schon deshalb, weil sie nicht vokalisiert überliefert ist. Da in den Torarollen nur Konsonanten stehen, braucht es die menschliche Lesung, um die göttliche Stimme vernehmbar zu machen.

Neben der Notwendigkeit der Lesung der schriftlichen Tora gibt es nach rabbinischer Überlieferung aber auch Deutungen der Tora, die von Gott selbst offenbart wurden. Viele rabbinische Texte sprechen deshalb von der schriftlichen und der mündlichen Tora, die jedoch nicht völlig voneinander getrennt werden dürfen, insofern die mündliche Tora die Deutung der schriftlichen Tora ist.

Die mündliche Tora (= Mischna) beruht aus rabbinischer Sicht ebenso auf einer direkten Mitteilung Gottes wie die schriftliche Tora. Mose ist bei der schriftlichen und der mündlichen Tora also gleichermaßen nur der passive Empfänger des göttlichen Wortes, das von ihm gemäß der göttlichen Offenbarung niedergeschrieben bzw. weitervermittelt wird. Die hier offenbarten Worte sind nach rabbinischer Auffassung wahr für alle Zeiten, irreversibel und in keiner Weise begrenzt durch die Auffassungsgabe und Kultur des Menschen, weil sie direkt von Gott stammen.

Allerdings müssen diese direkt von Gott offenbarten Worte auch aus rabbinischer Sicht interpretiert werden und können in sehr unterschiedlicher Weise ausgelegt werden. Die genaue Kenntnis der Geschichte rabbinischer Auslegung der Tora ist daher sehr wichtig, um die göttliche Offenbarung richtig zu verstehen, so dass auch aus rabbinischer Sicht das fehlbare Urteilsvermögen des Menschen in Anspruch genommen wird, um Gottes Wort richtig würdigen zu können. Die im Talmud zusammengefassten Kommentare zur Tora und zur Mischna müssen also berücksichtigt werden, wenn man die göttliche Offenbarung richtig verstehen will. Auch hier ist insofern ein dialogisches Offenbarungsverständnis gegeben, auch wenn der Sprechakt

Gottes in einer ganz anderen Dignität behauptet wird als in liberaleren Modellen.

Andererseits gibt es aus rabbinischer Sicht klare Grenzen für die Deutungsmöglichkeiten der Tora. Die schriftliche Tora hat zwar bereits eine unendliche Bedeutungsfülle, die sie immer wieder zu Erneuerungen befähigt. Aber deswegen kann man ihr doch nichts Neues hinzufügen, weil all diese Deutungen immer schon in ihr sind.

Gleichwohl gibt es zumindest bei der mündlichen Tora faktisch viel Spielraum für neue Interpretationen. Denn aus rabbinischer Sicht sind aufgrund der Schwäche der Menschen Teile der mündlichen Tora in Vergessenheit geraten. Das Ringen des Menschen um die richtige Auslegung der Schrift wird so zum Teil der mündlichen Tora. Während die schriftliche Tora also vollständig überliefert ist und nicht angetastet werden darf, ermöglicht die Rede von der mündlichen Tora Spielräume für eine rationale Auseinandersetzung mit der Schrift und deren Vermittlung mit der konkreten Geschichte.

Alle nur denkbaren legitimen Deutungsmöglichkeiten der Tora sind allerdings aus jüdischer Sicht bereits als mündliche Tora an Mose gegeben worden. Wenn also beim Ringen um die richtige Deutung der Tora ein authentischer Zugang entsteht, dann ist auch dieser Zugang immer schon von Gott offenbart.

> Selbst die Entscheidung, die in der fernen Zukunft ein beflissener Schüler vor seinem Lehrer fällen wird, wurde dem Mose schon auf dem Berge Sinai offenbart.[27]

Rabbi Zadok Hacohen geht sogar so weit, im Mund der Eselin und damit in allen Geschöpfen die mündliche Tora zu sehen, weil Gott sich durch jedes Ding ausdrücken kann:

> In alle Wesen sind die Worte der Tora gebannt; … darum kann selbst der Mund einer Eselin ein Quell göttlicher Worte sein, anders gesagt (im eigentlichen Sinn des Wortes), Quell der mündlichen Tora (zit. n. Mosès 95).

Offenbarung ist in dieser Lesart der rabbinischen Tradition also im Prinzip in allen Dingen enthalten; zum Durchbruch kommt sie aber erst durch die Interpretation des Menschen: „Offenbarung gibt es nur durch die Deutung, die der Mensch ihr verleiht“ (Mosès 96). Eine derartige Deutung sei aber im Grunde in jedem Moment der Geschichte denkbar. „Zu jeder Zeit und Stunde sprudelt die Quelle ohne Unterbrechung“ (Scholem 117). Sogar die Tora selbst ist in dieser Sicht abhängig von der Deutung durch den Menschen. In Anknüpfung an die jüdische Mystik wird hier immer wieder betont, dass

Mose am Berg Sinai eigentlich nur den stimmlosen ersten Alphabeten des jüdischen Alphabets geoffenbart bekommen hat. Rabbi Menachem Mendel von Rymanów, ein Meister der jüdischen Mystik aus dem 19. Jahrhundert, betont in dieser Stoßrichtung:

> Alles, was ihnen offenbart wurde, was Israel hörte, war nichts weiter als jenes *Aleph*, mit dem im hebräischen Text der Bibel das erste Gebot beginnt.[28]

Nach dieser Tradition wird dem Volk Israel also nur ein stummer Buchstabe geoffenbart, so dass die offenbarende Stimme „als reine Möglichkeit“ bzw. „als ein reines Sinnversprechen“ benannt wird (Mosès 92). Die Offenbarung wird hier erst durch ihre Auslegung und Deutung zur verstehbaren Wirklichkeit; die Stimme Gottes muss durch die Menschen zum Klingen gebracht werden.

Die Angewiesenheit der Tora auf die Deutung durch die Menschen erklärt auch die enge Verbindung zwischen der Tora und Israel. Es braucht Israel, damit die göttliche Weisung zum Klingen gebracht werden kann. Zumindest die mündliche Tora ist nach rabbinischer Tradition nur Israel in ihrer ganzen Fülle bekannt. Deshalb ist auch nur Israel auf sie verpflichtet. Dies bedeutet nicht, dass in der Tora nicht auch ein allgemein gültiges Weltgesetz enthalten ist, das auch von Nichtjuden respektiert werden muss. Die Fülle der Tora gilt aber nur Israel und ist auch nur Israel verständlich. Die Tora in diesem weiten Sinne kann durch Jesus also schon deshalb gar nicht für die Kirche aufgehoben worden sein, weil sich Gott in seiner Tora nicht an die Kirche, sondern an Israel wendet. Christen müssen sich nicht deshalb nicht beschneiden lassen, weil diese Bestimmung der Tora in irgendeiner Weise durch Jesus überholt ist, sondern weil sie sich nicht an Christen, sondern an Juden wendet.

Die Tora braucht also ihre Deutung durch Israel. Und erst durch diese Deutung wird Gottes Stimme für unsere Zeit hörbar. Israel leistet hier in gewisser Weise einen stellvertretenden Dienst für die Völker, da durch sein Leben und Deuten der Tora Gottes Präsenz in dieser Welt sichtbar wird. Zugleich ist aus jüdischer Sicht klar, dass die Deutungen der Tora durch Israel fallibel sind. Bei aller Fehlbarkeit und Revidierbarkeit menschlicher Deutungen gibt es jedoch keinen anderen Weg zur Tora als den Weg des Auslegungsprozesses durch das Volk, so dass viel dafür spricht, diesen Prozess demokratisch zu organisieren. Aus jüdischer Sicht kann es jedenfalls nicht darum gehen, in charismatischen Erfahrungen eine neue eigentliche Offenbarung zu generieren, sondern das Volk insgesamt muss sich je neu der Wirklichkeit der Tora stellen und sie gemeinsam zu verstehen suchen.

Diese oft missverstandene Notwendigkeit wird sehr eindrucksvoll in der nachfolgenden Geschichte aus dem babylonischen Talmud illustriert.

> Es wird gelehrt: An jenem Tag machte Rabbi Elieser alle Einwendungen der Welt, man nahm sie aber von ihm nicht an. Hierauf sprach er: ‚Wenn die Halacha (=richtige Deutung der Tora) wie ich ist, so mag dies dieser Johannisbrotbaum beweisen!' Da rückte der Johannisbrotbaum hundert Ellen von seinem Orte fort; manche sagen: vierhundert Ellen. Sie aber erwiderten: ‚Man bringt keinen Beweis von einem Johannisbrotbaum.' Hierauf sprach er: ‚Wenn die Halacha so wie ich ist, so mag dies dieser Wasserarm beweisen!' Da trat der Wasserarm zurück. Sie aber erwiderten: ‚Man bringt keinen Beweis von einem Wasserarm.' Hierauf sprach er: ‚Wenn die Halacha wie ich ist, so mögen dies die Wände des Lehrhauses beweisen!' Da neigten sich die Wände des Lehrhauses und drohten einzustürzen. Da schrie sie Rabbi Jehoschua an und sprach zu ihnen: ‚Wenn die Gelehrten einander bekämpfen, was geht dies euch an!' Sie stürzten hierauf nicht ein wegen der Ehre Rabbi Jehoschuas und richteten sich auch nicht gerade auf wegen der Ehre Rabbi Eliesers; sie stehen jetzt noch geneigt. Hierauf sprach er: ‚Wenn die Halacha wie ich ist, so mögen sie dies aus dem Himmel beweisen!' Da erscholl eine Himmelsstimme und sprach: ‚Was habt ihr gegen Rabbi Elieser; die Halacha ist stets wie er!' Da stand Rabbi Jehoschua auf und sprach: ‚Sie ist nicht im Himmel!' (Dtn 30,12) – Was heißt: ‚Sie ist nicht im Himmel'? Rabbi Jirmija erwiderte: ‚Da die Tora schon vom Berg Sinai gegeben wurde, achten wir nicht auf eine Himmelsstimme. Denn schon auf dem Berg Sinai hast du in der Tora geschrieben: ‚nach der Mehrheit muss man sich beugen' (Ex 23,2) – Da begegnete R. Natan dem Elija und fragte ihn: ‚Was tat der Heilige, gepriesen sei er, in jener Stunde?' Er antwortete ihm: Gelacht hat er und gesagt: Besiegt haben mich meine Kinder, besiegt haben mich meine Kinder.[29]

Man kann sich leicht vorstellen, dass diese schon früh im Christentum bekannt gewordene Talmudstelle dort viel Unverständnis und Empörung auslöste. Die hier erwähnte Himmelsstimme erinnert einfach zu stark an die Himmelsstimme, die nach dem Zeugnis der Evangelien die Gottessohnschaft Jesu beglaubigt. Und der arme Rabbi Elieser kann einem ja auch tatsächlich etwas Leid tun, da er Himmel und Erde erstaunlich erfolgreich in Bewegung setzt, um die Autorität seiner Weisung zu unterstreichen. Aber gerade durch ihre Radikalität macht diese Geschichte deutlich, dass aus jüdischer Sicht an keiner Stelle die Berufung auf eigene Offenbarungserlebnisse Autorität begründen kann. Die einmal gegebene göttliche Weisung braucht keine neuen spektakulären Rechtfertigungen und alle Mitglieder des Volkes stehen gemeinsam in der Verantwortung, die Tora zu deuten und sie zum Leben zu erwecken. Von daher sind rational begründete und demokratisch gefällte Mehrheitsentscheidungen die höchste Quelle von Autorität in einer Welt, die nicht mehr mit direkten Meinungsäußerungen Gottes rechnet. Der Konsens der gläubigen Gemeinschaft bricht jede esoterische Gruppendisziplin, auch wenn diese noch so imposant daherkommt.

Geht man aus christlicher Sicht von der in Kapitel 4 skizzierten kenotischen Deutung der Offenbarung aus, so kann man dieser jüdischen Sichtweise sicherlich viel abgewinnen. Voraussetzung hierfür ist allerdings, dass die Tora selbst nicht geschichtslos und ahistorisch gelesen wird. An dieser Stelle haben sich im Zuge der Aufklärung zwei unterschiedliche Richtungen in der jüdischen Theologie herausgebildet, die bis heute großen Einfluss haben. Während liberale Theologen auch die Tora dem Feuer der historischen Kritik aussetzen und ganz ähnlich wie liberale Theologen im Christentum nach der ursprünglichen Bedeutung dieser Schrift suchen, erklären orthodoxe Theologen diese Suche aufgrund der Präexistenz der Tora und ihrer überzeitlichen Bedeutung für nutzlos. Während liberale Juden der Interpretation des autonomen menschlichen Subjekts (im Verbund mit Israel) eine denkbar hohe Dignität einräumen, betonen orthodoxe Theologen, dass die Tora ein objektives, Israel vorgegebenes Sprachereignis ist, in dem die Wahrheit bereits in einer Form gegeben ist, die nur noch tradiert zu werden braucht. Aus der Sicht der jüdischen Mystik, die für das liberale Judentum wichtig geworden ist, offenbart Gott keine bestimmten Inhalte, sondern „sich selbst, wo er Sprache und Stimme wird“ (Scholem 106).

> Nicht die Schwärze der von der Tinte umrissenen Schrift, die selbst schon eine Spezifikation ist, sondern die mystische Weiße der Buchstaben auf dem Pergament der Rolle, auf dem wir überhaupt nichts sehen, ist die eigentliche schriftliche Tora! (Scholem 109)

Diese mystische Weiße der Buchstaben wird erst durch die Menschen entzifferbar, so dass erst unter Einbeziehung der menschlichen Kreativität und Produktivität Offenbarung entsteht. Diese Kreativität ist freilich auch aus liberaler jüdischer Sicht „keine Leistung der menschlichen Produktivität allein“ (Scholem 120). Gottes Wort lässt sich nur eben nicht unabhängig von der menschlichen Antwort hören. Die Tora erscheint so aus liberaler Sicht als Zeugnis eines Zwiegesprächs.

Erst auf der Grundlage dieses dialogischen Geschehens kann dann auch die Geschichte Israels als Geschichte des Heilswirkens Gottes verstanden werden. Auch aus liberaler Sicht ist die Interpretation der Geschichte Israels als Heilsgeschichte keine beliebige Deutung. Wenn betont wird, dass prinzipiell jedes Ereignis Heilsereignis sein kann und dass prinzipiell jede Stimme, auch die Stimme eines Esels, als die Stimme Gottes verstanden werden kann, wird keiner letzten Beliebigkeit das Wort geredet. Vielmehr geht es darum, dass erst auf der Grundlage der Inspiration des Geistes Gottes die Geschichte richtig verstanden werden kann.

Wenn orthodoxe Theologen an dieser Stelle widersprechen und darauf bestehen, dass die Tora und die Geschichte mir vorgängig zu meiner subjektiven Deutung von ihr den Willen Gottes offenbart, so nehmen sie hier eine Position ein, die in der jüngeren christlichen Offenbarungstheologie insbesondere der frühe Wolfhart Pannenberg vertreten hat.

Pannenberg schreckte die offenbarungstheologischen Debatten in den 60er Jahren des 20. Jahrhunderts mit der These auf, dass Gott sich indirekt durch Taten offenbare, die er in der Geschichte vollbringe. Pannenberg versteht Offenbarung also als indirekte geschichtliche Selbstoffenbarung. Pannenberg ist in diesem Zusammenhang wichtig, dass der Glaube an Gott nicht auf einem Geheimwissen oder einer nur bestimmten Menschen vorbehaltenen Botschaft gründet, sondern auf der für alle Menschen offenbaren *Geschichte*. Die christliche Wahrheit sei keine „Konventikelangelegenheit", sondern beruhe auf prinzipiell für alle Menschen bekannten und zugänglichen Tatsachen.

> Man muss keineswegs den Glauben schon mitbringen, um in der Geschichte Israels und Jesu Christi die Offenbarung Gottes zu finden. Vielmehr wird durch die unbefangene Wahrnehmung dieser Ereignisse der echte Glaube erst geweckt.[30]

Insbesondere sei es, wie Pannenberg gegen Luther und Barth festhält, nicht erforderlich, vom Geist Gottes ergriffen zu werden, um die Geschichte Israels und Jesu Christi als Offenbarungsgeschichte zu deuten. Im Zentrum der geschichtlichen Tatsachen, die für Pannenberg die Evidenz des Glaubens hervorrufen, steht die Erweckung des Gekreuzigten. Die Auferstehung Jesu nehme das Ende der Geschichte vorweg und sei dadurch Vorwegnahme des eschatologischen Selbsterweises Gottes. Ihr liege ein historisch gut belegtes Faktum zugrunde, und sie lege im Blick auf Jesu Leben und Sterben ein auch auf dem Forum der Vernunft überzeugendes Votum für die Botschaft von Jesus als dem Christus und der dadurch legitimierten Verkündigung von der Menschenfreundlichkeit Gottes ab.

Ein unvoreingenommener Blick auf die Geschichte nötige zwar nicht zum Glauben, aber biete genügend Evidenz, um das Wagnis des Glaubens einzugehen. Offenbarung dürfe nicht durch die Autorität einer kirchlichen Instanz oder einer als göttlich geglaubten Botschaft begründet werden, sondern habe sich auf dem Forum der autonomen philosophischen und historischen Vernunft zu bewähren. Gott offenbare sich nicht durch eine autoritative Selbsterklärung, sondern durch eine für alle Menschen aller Zeiten verstehbare Selbstmitteilung: eben durch sein Wirken in der Geschichte, die vor aller Augen steht. Eben diese Grundidee sieht er bereits im jüdischen Offenbarungsverständnis abgebildet. Gegen Hegel betont er dabei, dass nicht die Geschichte insgesamt als Offenbarung Gottes anzusehen ist und nicht mit dem Willen Gottes gleichgesetzt werden darf. Vielmehr gelte es, in der Geschichte die Kraftfelder göttlichen Wirkens auszumachen und so wirkmächtige und glaubwürdige Zeichen seiner Gegenwart und Geschichtsmacht zu entdecken.

Im Laufe seines theologischen Schaffens betont Pannenberg allerdings immer mehr, dass diese Entdeckung der Geschichtsmacht Gottes nur in subjektiven Aneignungen möglich ist. Er nähert sich damit der soeben skizzierten liberalen jüdischen Sicht an, die ja auch die Position vertritt, dass erst in der geistinspirierten Deutung der Geschichte die Offenbarung Gottes verständlich wird. Pannenberg beharrt jedoch darauf, dass diese Aneignung intersubjektiv zu bewähren und in einer Erkenntnis zu verankern ist, die auch außerhalb des Glaubens rational begründet werden kann – ein Beharren, das auch eine liberale jüdische Offenbarungstheologie nicht als unsinnig anzusehen braucht.

Unabhängig davon, ob man eine eher orthodoxe oder eine eher liberale Theologie der Offenbarung vertritt, kann man die jüdische Position als Insistieren darauf verstehen, dass Offenbarung dem Volk Israel in der Geschichte begegnet und deshalb nicht völlig verinnerlicht und spiritualisiert werden darf. Sicherlich ist die genauere Deutung der Geschichtsbezogenheit Gottes in der jüdischen Theologie sehr umstritten. Aber dennoch gilt schulübergreifend, dass Gott aus jüdischer Sicht in der Geschichte wirksam bleibt und nicht völlig unabhängig von ihr richtig erkannt werden kann. Darüber hinaus kann man drei Merkmale festhalten, die jede jüdische Theologie der Offenbarung mehr oder weniger kennzeichnen: 1) die Rezeption von Offenbarung als Sprachereignis, das zur Handlungsanleitung wird,

2) die Betonung der Bedeutung des zwischenmenschlichen Bereichs in der Offenbarung und 3) die Herausstellung der irreduziblen Vielfalt der Interpretations- und Rezeptionsmöglichkeiten von Offenbarung.

1) Offenbarung vollzieht sich in jüdischer Sicht in besonders prominenter Form in sprachlicher Vermittlung und damit als „Sprachereignis" (Mosès 89). Ob diese sprachliche Vermittlung schriftlicher oder mündlicher Art ist, ist weniger wichtig, und ob die konkrete sprachliche Form der Offenbarung direkt von Gott kommt oder sich einem Zwiegespräch Gottes mit dem Menschen verdankt, ist zwischen Orthodoxen und Liberalen umstritten. Gemeinsames Kennzeichen jenseits dieser Unterscheide ist aber die besondere Wertschätzung einer sprachlichen Form von Offenbarung. Visionen und Bilder galten den Rabbinern demgegenüber immer als zweitrangig.

Das wichtigste Paradigma der Offenbarung ist das Sinaiereignis, v.a. die Zehn Gebote, d.h. zunächst einmal besteht Offenbarung offensichtlich in einer Handlungsanleitung. Auch wenn man bei der Tora von einer vorsprachlichen Matrix ausgehen möchte, so muss diese doch die Gebote im Keim enthalten (Mosès 90). Durch das Tun der Tora entsteht gerade im rabbinischen Zeitalter ein Klima des Glaubens, das viel wichtiger als die Aufstellung von Dogmen ist. Die Glaubensgemeinschaft ist durch die gemeinsame religiöse Tat vereint, nicht durch ein kodifiziertes Credo. Um den ethischen Aspekt der auf diese Weise identitätsstiftend werdenden religiösen Tat angemessen würdigen zu können, ist es wichtig, einen weiteren Aspekt im jüdischen Offenbarungsdenken in den Blick zu nehmen.

2) Es ist nämlich ein weit verbreiteter Gedanke bei jüdischen Denkern, dass sich Offenbarung im Beziehungsgeschehen zwischen Menschen zeigt. So wie das Allerheiligste zwischen den beiden Cherubim steht und somit die Offenbarung aus dem Raum zwischen ihnen an uns ergeht, gilt auch sonst, dass Offenbarung in Beziehung erfahrbar wird:

> Im Raum der Beziehung zwischen zwei Personen, im Zwischenraum ihrer Beziehung, offenbart sich die göttliche Stimme. Oder anders gesagt: Für die Bibel ist die Sprache, die sich zwischen zwei einander zugewandten Menschen entfaltet, eine göttliche Sprache. … Erst aus dem Zwischenraum, der sich zwischen ihnen auftut, geht das Göttliche hervor. (Mosès 94)

Offenbarung ereignet sich also im Miteinander von Menschen, wenn diese sich einander zuwenden und anerkennen. Der jüdische Religionsphilosoph Emmanuel Levinas (1906-1995) fasst diesen Gedanken so, dass er das Antlitz des Menschen, der mich braucht, als Offenbarung Gottes ansieht. In der Begegnung mit dem Anderen sieht er eine Art ethischer Urszene. Das Antlitz des Anderen erscheint dabei als etwas, das sich meinem Bewusstsein entzieht und es sprengt. Es fordert mich unbedingt ein. Ihm gegenüber bin ich zu einer Verantwortung gerufen, die kein Ende kennt. Sie ist Spur des Unendlichen, der Andere kommt vom Jenseits des Seins und ich erfahre mich als Geisel des Anderen.

> In der Erscheinung des Antlitzes liegt ein Befehl, als würde ein Herr mit mir sprechen. Dennoch ist das Antlitz des Anderen zur gleichen Zeit entblößt; hier ist der Elende, für den ich alles tun kann und dem ich alles verdanke. Und ich, wer auch immer ich bin, aber ich als jemand ‚in der ersten Person', ich bin derjenige, der über die Mittel verfügt, um auf diesen Ruf zu antworten.[31]

Ich erfahre mich so durch den anderen unauswechselbar zur Verantwortung gerufen. In seinem Ruf erfahre ich Anspruch und Zuspruch Gottes. Im Anderen meiner selbst, im mitmenschlichen Du, wird mir so der ganz Andere in der Unbedingtheit seines Rufs gegenwärtig. Gott handelt an mir, indem er sich mir im Anderen seiner selbst aussetzt. Levinas wörtlich:

> Im Nächsten ist reale Anwesenheit Gottes. In meiner Beziehung zum Anderen vernehme ich Gottes Wort. ... Ich sage nicht, daß der Nächste Gott ist, aber daß ich in seinem Antlitz Gottes Wort höre.[32]

Gottes Offenbarungswort begegnet mir also einem wichtigen Strang jüdischer Tradition folgend im Antlitz des Anderen, ja vor allem im Not leidenden Anderen. In diese Richtung weist auch der von jüdischen Rabbinern im 2. und 1. Jahrhundert v. Chr. geprägte Begriff der *Schechinah*, der die Einwohnung Gottes und seine Anwesenheit in der Welt und insbesondere im Volk Israel und im einzelnen Menschen bezeichnet. In der Schechinah werden die Gegenwart Gottes unter seinem Volk und sein Mitgehen bei seinen Freuden und Schmerzen offenbar. Gottes Offenbarung geschieht also immer dann, wenn mich jemand braucht und mir dadurch in seinem Antlitz der Anspruch und Zuspruch Gottes offenbar wird.

Damit findet sich im jüdischen Offenbarungsdenken der Grundgedanke sowohl der christlichen als auch der muslimischen Offenbarungstheologie. Genauso wie für das Christentum ist es auch für das Judentum konstitutiv, dass mir in der Zuwendung zum Du, in seinem Anspruch und Zuspruch, der Logos Gottes begegnet, so dass Offenbarung eine primär personale Gestalt bekommt und uns zur liebenden Hingabe herausfordert. Anders als im Christentum ist aus jüdischer Sicht diese Offenbarungsgestalt nicht durch Jesus von Nazareth vermittelt, sondern durch die Tora. Genauso wie im Islam bleibt Offenbarung daher stets auf ein Sprachereignis bezogen, auch wenn die Gegebenheitsweise der Offenbarung hier – anders als im Islam – nicht primär im Akt des Hörens zugänglich ist, sondern in der nicht vokalisierten Schrift. Das Judentum enthält also zwei unterschiedliche Ansatzpunkte für die Explikation des Offenbarungsgeschehens, die in Christentum und Islam wieder auftauchen, auch wenn sie jeweils charakteristische Verschiebungen in ihrer Bedeutung erfahren. Trotz dieser Verschiebungen wird das Judentum in dieser Betrachtungsweise noch einmal als Wurzel der beiden jüngeren Geschwisterreligionen ausgewiesen. Interessanterweise findet sich aber noch ein drittes Merkmal für den jüdischen Offenbarungsglauben, der sich in dieser Form weder in Christentum noch im Islam findet, zumindest nicht in deren orthodoxen Hauptausprägungen.

3) Der jüdische Offenbarungsglaube ist durch eine große Vielfalt seiner Explikationsformen geprägt. Diese Vielfalt wird im jüdischen Selbstverständnis nicht als zu überwindender Makel angesehen – wie etwa im Christentum die Vielfalt der Kirchen in der Regel als Ärgernis empfunden wird –, sondern als notwendiger Bestandteil der Gegebenheitsweise der Offenbarung. So heißt es beispielsweise an einer Stelle des Talmud:

> Rabbi Abba sagte im Namen Šemuéls: Drei Jahre stritten die Schule Šammajs und die Schule Hillels: eine sagte, die Halakha sei nach ihr zu entscheiden, und eine sagte, die Halakha sei nach ihr zu entscheiden. Da ertönte eine Hallstimme und sprach: [Die Worte] der einen und der anderen sind Worte des lebendigen Gottes.[33]

Auch einander widersprechende Interpretationen der Tora sind demnach unter Umständen aufrechtzuerhalten, weil in den Widersprüchen individuell verschiedene Rezeptionsmöglichkeiten der Offenbarung deutlich werden. Selbst wenn ein Schulkonflikt zugunsten einer der beiden Schulen entschieden wurde, bestand deshalb ein Interesse daran, beide Sichtweisen weiter ernst zu nehmen, also z.B. sowohl Rabbi Hillel als auch Rabbi Schammai. Die Genauigkeit, mit der die verworfene Meinung überliefert wird, steht in nichts vor der zurück, mit der die siegreiche dargestellt wird.

> Erst einer der spätesten Kabbalisten hat die seitdem oft wiederholte … These aufgestellt, daß in der messianischen Zeit die Halacha nach der jetzt verworfenen Ansicht der Schule Schammais entschieden werden würde (Scholem 103).

D.h. auch wenn eine bestimmte Deutung sich nicht durchgesetzt hat, besteht immer noch die Möglichkeit, dass diese Deutung in einer späteren Periode zur maßgeblichen Schulmeinung wird. Vielfalt wird hier zum „Prinzip der Offenbarung“ (Mosès 91). Offenbarung und Wahrheit gestalten sich als so komplex und vielfältig wie die Welt ist.

Die Tora hat eben nach einer alten jüdischen Tradition 70 Gesichter, d.h. es gibt in ihr unausschöpflich viele Facetten des Sinns und ihrer möglichen Deutung. In der jüdischen Mystik wird dieser Gedanke so zugespitzt, dass jedem Menschen seine je eigene legitime Deutung der Tora offensteht:

> Die spätere *Kabbala* stellte den Satz auf, der weiteste Verbreitung gewann, daß jedem einzelnen Juden die Tora ein besonderes, nur ihm allein bestimmtes und erfaßbares Gesicht zuwendet, daß er also seine Bestimmung nur dann eigentlich realisiert, wenn er dies nur ihm zugewandte Gesicht wahrnimmt und in die Überlieferung hineinnimmt. (Scholem 112)

Während die christlichen Kirchen immer darauf dringen, dass die christliche Glaubenslehre in widerspruchsfreier Form dargelegt wird, damit über die Einheitlichkeit des Glaubens die Einheit der Glaubenden bewirkt wird, geht es im Judentum primär darum, dass Offenbarung in der Vielfalt der Menschen vielfältig rezipiert und gelebt wird. Einheit entsteht eben nicht durch ein gemeinsames Bekenntnis, sondern durch das gemeinsame Befolgen der Tora. Interessant ist, dass dieses Befolgen auch in der Lebenspraxis sehr unterschiedliche Konsequenzen haben kann, ohne dass die Gemeinsamkeit des Sich-Richtens nach der Weisung Gottes dadurch in Frage gestellt wird.

Sicherlich ist eine derart starke Betonung der Pluralität legitimer Auslegungen der Tora doch wieder Ergebnis einer bestimmten Theologie und wird sicher nicht in allen orthodoxen Formen des Judentums in dieser Form vertreten. Dennoch ist auch angesichts der unübersehbaren Vielfalt jüdischer Theologien in der Geschichte und der Gegenwart auffällig, dass in dieser Religion offenkundig viel weniger Wert auf eine Konformität im Denken gelegt wird als im Christentum. Ob sich an dieser und anderen Stellen Gemeinsamkeiten des jüdischen Denkens mit muslimischer Offenbarungstheologie zeigen lassen, möchte ich im kommenden abschließenden Kapitel dieses Büchleins untersuchen.

Literatur

Literaturhinweise: Mosès, Stéphane, Eros und Gesetz. Zehn Lektüren der Bibel, München-Paderborn 2004 *(moderne Deutung des jüdischen Offenbarungsglaubens in rabbinischer Tradition).*

Scholem, Gershom, Offenbarung und Tradition als religiöse Kategorien im Judentum. In: Ders., Über einige Grundbegriffe des Judentums, Frankfurt a.M. 1970, 90-120 *(liberale Deutung des jüdischen Offenbarungsglaubens in mystischer Tradition).*

9. Offenbarung im Islam

Es gibt mindestens zwei theologische Rekonstruktionsmöglichkeiten des Offenbarungsanspruchs des Islam, die sich gegenüber den kritischen Einsprüchen der Aufklärung und Religionskritik verteidigen lassen und die zugleich eine positive Verhältnisbestimmung zu Judentum und Christentum erlauben. Zum einen die ethische Rekonstruktion, die in mu'tazilitischer Tradition die dem Qur'an zugrundeliegenden ethischen Grundprinzipien als wesentlichen Gehalt der Offenbarung bestimmen wollen. Zum anderen die ästhetische Rekonstruktion, die in der Schönheit der Rezitation des Qur'an den wesentlichen Antrieb zur Übereignung an ihn als Gottes Wort sieht.

Mitte des Islams und damit auch Mitte seines Offenbarungsanspruchs ist ein Buch, der Qur'an, das für Muslime endgültige Wort Gottes; es ist aus muslimischer Sicht Urnorm der Wahrheit und Richtschnur des rechten Lebens. Um seine Natur, bzw. genauerhin um die Frage, ob er als geschaffen oder ungeschaffen zu glauben ist, entspann sich der zweite große theologische Streit in der Geschichte des Islams. Im Folgenden will ich die inhaltlichen Hauptpunkte dieses Streits zwischen den beiden theologischen Schulen der Mu'taziliten und Ascheriten nachzeichnen, um auf diese Weise einen Ansatzpunkt für eine Analyse des muslimischen Offenbarungsanspruchs mit den Mitteln komparativer Theologie zu erhalten.

9.1 Die mu'tazilitische Betonung der Transzendenz Gottes

Als Mu'taziliten bezeichnet man eine Gruppe islamischer Theologen aus der Frühzeit des Islams, die sich einerseits methodisch darauf verpflichtet haben, den muslimischen Glauben mit den Mitteln der Vernunft zu verteidigen und somit in der Terminologie griechischer Philosophie verständlich zu machen, und die andererseits in ihrer Entfaltung der Glaubenslehre von der absoluten Transzendenz Gottes ausgehen. Gott übersteige in seiner Einheit, Einzigkeit und Ewigkeit die Verstehensmöglichkeiten menschlicher Vernunft und sei in menschlicher Sprache nicht adäquat aussagbar. Deshalb könne auch der Qur'an – anders als die Tradition meine – nicht als ungeschaffen angesehen werden, sondern sei eine von Gott erschaffene Mitteilung des göttlichen Willens.

Da nach Auffassung der Mu'taziliten angesichts seiner Transzendenz nichts Gott gleich ist, gilt für alles, was nicht Gott gleich ist, dass es geschaffen ist, also auch für den Qur'an. Neben der Transzendenz ist es vor allem die Einsheit Gottes, auf die die Mu'taziliten die spekulative Begründung ihrer Lehre von der Geschaffenheit des Qur'an stützen. Die Einsheit Gottes (*at-tauhid*) gilt im Islam schulübergreifend als Grundprinzip der Theologie. Der Argumentation der Mu'taziliten zufolge bedroht die Behauptung der Ungeschaffenheit des Qur'an das Konzept der Einheit und Einfachheit Gottes, weil nichts Ewiges aus Teilen zusammengesetzt sein könne. Im Übrigen sahen die mu'tazilitischen Denker im Bekenntnis zur Ungeschaffenheit des göttlichen Wortes völlig zu Recht eine Parallele zur christlichen Glaubensreflexion, die sie unbedingt vermeiden wollten. Um ihre philosophische Kritik an der Christologie und der mit ihr verbundenen Trinitätslehre aufrecht erhalten zu können, kam alles darauf an, jede Hypostasierung des Qur'an zu vermeiden und somit auch seine Ungeschaffenheit zu leugnen. Anders schien ihnen weder die Abgrenzung vom Christentum noch die Treue zum Bekenntnis der Einsheit Gottes möglich zu sein.

Neben diesen eher philosophisch-spekulativen bzw. apologetischen Argumenten für die Geschaffenheit des Qur'an bieten die Mu'taziliten auch ausführliche exegetische Begründungsfiguren, die sich auf den Wortlaut des Qur'an stützen und auf diese Weise dessen Begrenztheit und Geschichtlichkeit deutlich machen wollen. Eine besondere Rolle spielt dabei das Phänomen der Abrogation, d.h. der Richtigstellung bestimmter Verse innerhalb des Qur'an, das in den Augen der Mu'taziliten die Geschaffenheit des Qur'an beweist, da es in etwas Ewig-Unveränderlichem keine inhaltlichen Änderungen geben könne und eine Verbesserung von Ungeschaffenem unmöglich sei.

Rekapituliert man die Überlegungen der Mu'taziliten, so fragt sich, wie auf reflexiver Ebene der ja doch beibehaltene Anspruch auf göttliche Autorität des Qur'an mit der starken Betonung der Transzendenz Gottes vermittelt wird. Eine Möglichkeit zur Lösung dieses Problems stellt die ethische Rekonstruktion des muslimischen Offenbarungsanspruchs dar, wie sie in der Gegenwart beispielsweise in der sog.

Ankaraner Schule vertreten wird. Als Ankaraner Schule bezeichnet man eine neuere theologische Schule in der Türkei, die u.a. an der Universität Ankara für eine moderne Hermeneutik des Qur'an eintritt. Ihre ethische Rekonstruktion des muslimischen Offenbarungsanspruchs geht in der Regel von einer Denkfigur aus, die in sehr einprägsamer Weise Fazlur Rahman vorgegeben hat. Rahman sah den Qur'an als „Handbuch der Ethik, das nicht Einzelanweisungen, sondern Prinzipien bietet“[34]. Er schlägt folgendes dreischrittiges Verfahren zur Eruierung des rechten Verstehens des Qur'an vor – ein Verfahren, das die Ankaraner Schule übernommen hat.

> Im ersten Schritt gehe es um die Rückkehr in die Offenbarungszeit. Weil sich jede Koranstelle auf Geschichte bezieht, muss man, um die ursprüngliche Bedeutung von Koranstellen festzustellen, jede Stelle in ihrer eigenen geschichtlichen Situation lesen.[35]

Ausgehend von der genauen Analyse der geschichtlichen Umstände gelte es dann in einem zweiten Schritt, die hinter den einzelnen Regeln stehenden ethischen Prinzipien zu identifizieren.

> Ziel ist …, die universale Botschaft hinter den Urteilen zu fassen zu bekommen, und diese Botschaft auf heute, auf neue geschichtliche Umstände zu übertragen.[36]

Diese Übertragung ist schließlich der dritte Schritt. Um diesen Schritt leisten zu können, gelte es zuvor klar herauszuarbeiten, was der Kern der Texte ist und was als den geschichtlichen Umständen geschuldet zu vernachlässigen ist. Nur wenn dies geschehen ist, kann man die herausgearbeiteten ethischen Prinzipien in angemessener Weise auf Fragestellungen der Gegenwart anwenden und so zu neuen Antworten kommen.

Wenn es etwa im Qur'an heißt, dass Frauen nur halb so viel erben sollen wie Männer, so ist dieser Satz im ersten Schritt in seine historische Entstehungssituation einzubetten. Auch wenn man davon ausgeht, dass Gott diesen Satz gesagt hat, stellt sich die Frage, wem er ihn in welcher Situation und in welcher Absicht gesagt hat. Wenn man sich nun klarmacht, dass die Stammesgesellschaft auf der arabischen Halbinsel zur Zeit der Herabsendung bzw. Entstehung des Qur'an kein Erbrecht für Frauen kannte, stellt die Regelung des Qur'an einen enormen emanzipatorischen Fortschritt dar. Wenn man überlegt, dass eine völlige Gleichberechtigung von Frauen an dieser Stelle von den Arabern des 7. Jahrhunderts nicht verstanden worden wäre, kann man vermuten, dass die göttlichen Pädagogik in dieser Qur'an-Stelle (wenn man denn wie Muslime annimmt, dass Gott der Autor des

Qur'an ist) nicht von dem Prinzip geleitet ist, dass Frauen nur halb so viel wert sind wie Männer, sondern eher von der Gleichberechtigung von Mann und Frau. Wenn das ethische Prinzip hinter dieser und vieler anderer Qur'an-Stellen aber die Gleichwertigkeit von Mann und Frau ist, dann muss diese Stelle auf unsere heutige Gesellschaftsformen übertragen bedeuten, dass Männer und Frauen gleich viel erben müssen.

Will man die Wahrheit des Qur'an verteidigen, so muss man dieser Lesart zufolge also seine ethischen Grundnormen erarbeiten und verteidigen. Der Kern des muslimischen Glaubens besteht in dieser Deutung demnach in einem rechten Tun bzw. in der durch ihn ermöglichten Rechtleitung, die dazu führt, dass er eine rational verantwortbare Grundorientierung für das gesamte menschliche Leben anbietet. Durch diesen Interpretationsansatz wird in keiner Weise in Frage gestellt, dass der Qur'an das Wort Gottes ist. Vielmehr könnte man Offenbarung in dieser Spur im Rahmen eines dialogisch-kommunikativen Offenbarungsmodells verstehen und den Qur'an als Zeugnis der Gespräche Muhammads mit Gott verstehen. Es wäre also tatsächlich Gott, der im Qur'an zu den Menschen spricht. Aber er tut dies nicht zeitenthoben mit einem unerschaffenen Wort, sondern indem er auf bestimmte Situationen reagiert. Richtig verstehen kann man den Qur'an also nur, wenn ermittelt wird, in welche Situation hinein welcher Vers offenbart wurde.

An dieser Stelle entstehen allerdings Probleme: Selbst wenn ich bei einer einzelnen Qur'an-Stelle den genauen Offenbarungsanlass einigermaßen verlässlich rekonstruieren kann, fragt sich, wie ich aus dieser Beschreibung zu einer normativen Schlussfolgerung kommen kann. Wie kann man aus deskriptiv angelegten Analysen normative Gehalte ableiten? Weiß ich wirklich, dass an der eben beschriebenen Stelle eine Gleichrangigkeit von Mann und Frau angezielt ist oder ist das Ergebnis der Exegese nicht auch sehr vom guten Willen des hoffentlich liberalen Exegeten abhängig? Will man an dieser Stelle das zwangsläufig in der Deduktion der ethischen Prinzipien des Qur'an enthaltene Willkürmoment tilgen, muss man die verwendeten Prinzipien auch autonom philosophisch begründen. Eben dies scheint der Ankaraner Schule auch vorzuschweben. Die ethischen Prinzipien des Qur'an sind jedenfalls offensichtlich auch aus der Perspektive autonomer Moral zu gewinnen und genau hieran machen die Interpreten der Ankaraner Schule auch die Vernünftigkeit des Qur'an fest. Damit wird aber die religionskritische Anfrage, ob der Qur'an nicht als Projektion menschlicher Lebensentwürfe durchschaut werden müsste, virulent. Bestreitet man die Konvergenz (und damit auch die Ableitbarkeit) der ethischen Prinzipien des Qur'an mit den ethischen Prinzipien der praktischen Vernunft und betont, dass der Qur'an ein höheres Ethos als die Vernunft fordert, das aus ihr nicht ableitbar ist, gerät man in eine gefährliche Nähe zu fundamentalistischen Deutungen, die selbst Verbrechen als Willen Gottes ansehen. Betont man die autonom philosophische Gewinnbarkeit der ethischen Prinzipien des Qur'an, gerät man in die in Kapitel 1 referierte Lessingsche Aporie, dass Offenbarung eigentlich nur noch aus pädagogischen Gründen erforderlich ist. M.a.W.: Entweder der Qur'an verkörpert nur das Ethische, das dem Menschen auch ohne ihn bekannt wäre, so dass er letztlich überflüssig ist. Oder er widerspricht dem Ethischen und wird dadurch aus der Sicht neuzeitlich-autonomer Vernunft suspekt. Ich weiß nicht, wie man aus diesem Dilemma entkommen kann und habe deswegen den Eindruck, dass eine ethische Rekonstruktion von Religion keine überzeugende Strategie darstellen kann. Mir scheint hier geradezu zwangsläufig eine Unterordnung des Glaubens unter die Vernunft (Lessing) oder eine Unterordnung der Vernunft unter den Glauben (Kierkegaard) zu folgen, so dass ich mich im Folgenden einem Erfolg versprechenderen Modell zuwenden möchte.

9.2 Die ascheritische Betonung von Ungeschaffenheit und Präexistenz des Qur'an

In der sunnitischen Tradition des Islam konnte sich die mu'tazilitische Position nicht durchsetzen, auch wenn sie bis heute von vielen liberalen Theologen und Theologinnen vertreten wird. Bereits kurz nach der Blüte der Mu'taziliten im 9. Jahrhundert n. Chr. gewann die Position der Ascheriten immer mehr an Einfluss und wurde in der Folgezeit bestimmend für die Orthodoxie. Al-Ašari, der Begründer dieser Schule, vertritt inhaltlich die Theologie der Traditionsbewahrer, geht methodisch aber wie die Mu'taziliten vor, d.h. er stellt die rationale Argumentation (*kalam*) in den Dienst traditioneller Positionen und will gewissermaßen die rationale in die traditionale Theologie aufheben. Allerdings hat die rationale Theologie ihm zufolge keinen Selbstzweck, sondern sie ist nur wegen der vielen Ungläubigen unumgänglich – mit Wittgenstein könnte man sagen: sie hat allein therapeutische Funktion. Al-Ašari begründet damit eine Tradition, die in ihrer Weiterentwicklung durch al-Ghazzali zur führenden dogmatischen Schulrichtung im sunnitischen Islam wurde, deren Lehren sich bis heute durchgezogen haben.

Der Ausgangspunkt der ascheritischen Überlegungen ist ebenso wie bei den Mu'taziliten die Transzendenz und Einheit Gottes. Zugleich fragen sie auf spekulativer Ebene, ob die Vollkommenheit Gottes zureichend gedacht wird, wenn Gott nicht weitere Vollkommenheit verleihende Eigenschaften wie Allwissenheit, Allmacht und Allgüte zugesprochen werden, zumal diese Eigenschaften auch im Qur'an ebenso selbstverständlich von Gott ausgesagt werden wie seine Transzendenz. Dadurch tritt die auch in der christlichen Theologie nicht unbekannte Frage auf, wie diese Eigenschaften mit der Einfachheit Gottes zusammengedacht werden können.

Die Antwort der Mu'taziliten auf dieses Problem bestand darin, dass Gott selbst diese Eigenschaften sei. Sie weigern sich also kategorisch, eine selbständige Wirklichkeit von Eigenschaften in Gott auszusagen, da sie an keiner Stelle Unterscheidungen in Gottes Wesen eintragen wollen. Gott ist ihnen zufolge reine Einheit und damit das Gegenteil von Differenz. Dadurch entsteht das Problem, wie all diese Wesensmerkmale zusammenpassen sollen, wie also Gottes Wesen beschaffen sein soll, wenn es mit dem Wissen, Hören, Sehen, Handeln, aber auch mit der Gerechtigkeit und Barmherzigkeit identisch sein soll. Leugnet man wegen dieser Schwierigkeit die Ungeschaffenheit der göttlichen Attribute, fragt sich, wieso gerade die Prädikation von Einheit von diesem Verdikt ausgenommen werden soll und die Gottesrede droht insgesamt beliebig zu werden. Ibn Kullab (9. Jh.), einer der frühesten Vertreter einer spekulativen Theologie im Sinne der späteren Orthodoxie, ist der erste, der hier einen markanten Gegenentwurf vorlegt und die Identität der Attribute mit Gott in Abrede stellt. Er versteht sie als „'Momente' (*ma'ani*) in seinem Wesen, die ein eigenes Sein beanspruchen können"[37]. Da diese Momente aber auch nicht von Gott verschieden sein konnten, wollte man sie nicht auf der gleichen Ebene wie beim Menschen verstehen, lehrte Ibn Kullab, dass sie weder identisch mit Gott noch nicht identisch mit ihm sind. Bezogen auf die hier für uns im Vordergrund stehende Frage nach der Stellung des Qur'an eröffnet diese Position die Möglichkeit, den Qur'an als Gestalt von Gottes Wissen zu verstehen und ihm auf diese Weise immer schon eine eigene, ungeschaffene Wirklichkeit im Wesen Gottes zuzuweisen, ohne die Einheit Gottes in Frage zu stellen. Wie für alle Attribute Gottes gilt auch für sein Wort der Grundsatz Ibn Kullabs, dass es nichts von Gott Verschiedenes sein kann, ohne mit ihm identisch zu sein.

Dabei unterscheiden die Ascheriten anders als etwa die erzkonservative Rechtsschule der Hanbaliten zwischen dem geistigen und dem materiellen Wort des Qur'an. Während das geistige Wort des Qur'an, also sein Inhalt, ewig in der Wesenheit Gottes existiere, seien die Laute und Worte des Qur'an ebenso wie seine Rezitation geschaffen und damit lediglich Ausdrucksformen von Gottes Rede. „Der Text des Korans ist ewig und ungeschaffen, der Vortrag seiner Worte ist geschaffen und zeitlich"[38]. Entsprechend geht beispielsweise der bereits erwähnte Ibn Kullab davon aus, dass die Ausdrucksformen der göttlichen Offenbarung variieren können und dass das, was rezitiert wird, Träger von Gottes Wort ist, während die Rezitation ebenso wie ihre schriftliche Fixierung zeitlich entstanden und damit geschaffen ist.

Ibn Hanbal dagegen lehnte jede Differenzierung zwischen Qur'an und dessen Rezitation ab. Entsprechend meinen die Hanbaliten bis heute, dass die Laute und Wörter des Qur'an selbst ewig sind. Dagegen gilt den anderen Rechtsschulen der Qur'an lediglich als der sprachliche Ausdruck des ungeschaffenen ewigen Wortes Gottes, so dass es von seinem Wesen her zwar als ganz göttlich, in seiner Sprache aber zugleich als menschlich angesehen werden kann. Oder noch pointierter – an der christologischen Zwei-Naturen-Lehre orientiert – ausgedrückt: „Der Koran ist gänzlich das Wort Gottes und ... auch gänzlich das Wort Mohammeds"[39]. Diese auch für Mu'taziliten zustimmungsfähige Formulierung Fazlur Rahmans macht bereits deutlich, dass der Gegensatz zwischen ihnen und den Ascheriten an dieser Stelle nicht zu sehr dramatisiert werden sollte und man sich eher auf die Frage konzentrieren sollte, ob man die Dignität der qur'anischen Offenbarung noch in anderer Weise rational rekonstruieren kann als durch ihre Rückführung auf ethische Grundprinzipien. Hier scheint mir eine Gelegenheit zu bestehen, die Möglichkeit einer Unerschaffenheit des Qur'an durchaus zuzugestehen und ihn als direkte Rede Gottes zu verteidigen, indem seine Sprachgestalt aus ästhetischen Gründen auf Gott zurückgeführt wird.

9.3 Die ästhetische Rekonstruktion des muslimischen Offenbarungsanspruchs bei Navid Kermani

Eine derartige ästhetische Rekonstruktion des muslimischen Offenbarungsanspruchs wird beispielsweise bei dem deutsch-iranischen Islamwissenschaftler und Schriftsteller Navid Kermani vorgenommen. Sie geht von der Unnachahmlichkeit des Qur'an *('i'ğaz al-qur'an)* aus und stellt fest, dass diese in der muslimischen Theologiegeschichte zwar anfangs primär inhaltlich, dann aber mehr und mehr mit der sprachlich-stilistischen Gestalt des Qur'an begründet wird. Der Ursprung dieses Gedankens liegt in Muhammads Herausforderung seiner Gegner zum Wettstreit, sie sollten doch eine ähnliche Offenbarung wie den Qur'an hervorbringen. So lange ihnen das nicht gelinge, sei seine Behauptung der Göttlichkeit des Qur'an berechtigt – eine Begründungsstrategie übrigens, die in bemerkenswerter Weise an die im Zusammenhang mit Leibniz bereits vorgestellte Vorgehensweise der *reformed epistemology* erinnert.

Interessant an dieser Begründungsstrategie ist, dass die ihr zugrunde liegende Herausforderung historisch zunächst gar nicht oder zumindest nicht primär die sprachlich-stilistische Ebene im Blick hat, dass sie von den späteren Muslimen aber im Sinne einer ästhetischen Herausforderung verstanden wurde. Spätestens seit dem 10. Jahrhundert christlicher Zeitrechnung gehört der Glaube, dass es niemand geschafft hat, dem Qur'an etwas Schöneres, Besseres und Hinreißenderes entgegenzusetzen, zu den identitätsstiftenden Elementen der muslimischen Gemeinden.

> Zur Logik dieser Art der Begründungsstrategie gehört nicht nur, dass die Araber den Koran aufgrund seiner stilistischen Vollkommenheit als göttliches Werk anerkannt haben, sondern auch, daß diese Araber das Dichtervolk schlechthin und gerade sie es waren, welche das Sprachwunder eingestehen mußten, dasjenige Volk also, das die Kunst der Beredsamkeit über alles schätzte und nur durch ein sprachliches Wunder überzeugt werden konnte.[40]

Vielleicht könnte man insofern die Eigenart der muslimischen Offenbarung in einem personal-dialogischen Verhältnis Gottes zu Muhammad und seinem Volk sehen. Gott teilt sich den Muslimen in einer ästhetisch vermittelten Weise mit, weil er von diesem Volk gerade so verstanden zu werden hofft. Wenn Gott nicht blinden Gehorsam, sondern verstehende Anerkennung will, muss er einem an dieser Stelle empfänglichen Volk auf ästhetische Weise begegnen.

Denn – so zumindest die These von Navid Kermani – das religiöse Erkennen ist im Islam ästhetisch vermittelt „als ein Schauder erregendes, Gänsehaut verursachendes Hören einer als schön bezeichneten Rede, ... eine Schönheitserfahrung"[41]. Wie genau diese ästhetische Besonderheit zu fassen ist, ist natürlich ohne Kenntnisse des Arabischen unmöglich. Der mittelalterliche Denker Al-Gurğani würde sagen, dass die Besonderheit eben in der Struktur der Verse, in der sinnvollen Verknüpfung von Wortzeichen zur Übermittlung einer Intention liege, dass alles eben einfach genau an seinem Platz sei. Vers für Vers gebe es kein Wort, das angemessener oder passender ersetzt werden könnte.[42]

Auch wenn wir in diesem Zusammenhang solche Behauptungen nicht prüfen können, so bieten sie doch Anknüpfungsmöglichkeiten für eine Rekonstruktion der muslimischen Offenbarungsbehauptung, die einer philosophischen Prüfung standzuhalten vermag, ohne den Qur'an auf seine ethische Dimension zu reduzieren und ohne ihn als aus der Vernunft ableitbar anzusehen. Auch von einer Reduzierung auf seine Ästhetik kann schon deshalb keine Rede sein, weil die ästhetische Wirkung nur im Zusammenspiel von Form und Inhalt erreicht werden kann. Es geht also nicht um die Reduzierung des Qur'an auf seine Ästhetik, sondern um die These, dass die Gegebenheitsweise der Offenbarung im Islam primär ästhetisch vermittelt und entsprechend auf dieser Ebene zugänglich ist.

Natürlich darf die Unterscheidung verschiedener Gegebenheitsweisen der Offenbarung nicht dazu führen, die jeweiligen Religionen auf ihre primären Gegebenheitsweisen festzulegen. Auch im Christentum spielen ästhetische Vermittlungsfiguren eine große Rolle, und es wäre eine eigene Untersuchung wert, warum diese Art der Vermittlung gerade in den orthodoxen Kirchen so ausgeprägt ist und gerade in den Kirchen der Reformation so sehr vernachlässigt wird. Ebenso ist gerade der Blick auf die Gestalt Christi ein wichtiges ästhetisches Ereignis, das allerdings eher in der Weise des Sehens als des Hörens beheimatet ist – man denke nur an die entsprechenden in Kapitel 5 vorgestellten Überlegungen von Balthasars. Umgekehrt stellt auch der Qur'an kognitiv-propositionale Ansprüche, die nicht in das ästhetische Hörerlebnis aufgelöst werden dürfen, sondern gerade in ihm erst angemessen erfasst werden. Eben diese Überlappungen könnten ein entscheidender Grund dafür sein, warum sich Christentum und Islam so sehr in einer Konkurrenzsituation wahrnehmen.

Es kann also nicht darum gehen, im Islam eine rein ästhetische Weise der Offenbarung zu sehen und diese von einer rein personal-leiblich-sakramentalen Gegebenheitsweise im Christentum abzusetzen. Verzichtet man auf solche einseitigen Pauschalurteile scheint mir für das interreligiöse Gespräch dennoch die Wahrnehmung hilfreich zu sein, dass der Modus der Offenbarung im Islam offensichtlich in erster Linie im Hören zugänglich ist und dabei in der Regel nicht ohne ästhetische Elemente auszukommen scheint. Schon Muhammad selbst bekommt kein Schriftstück ausgehändigt, sondern hört die

Offenbarung vom Erzengel Gabriel. Bis heute ist der Qur'an ein Vortragstext und gewissermaßen die liturgische Rezitation der direkten Rede Gottes. „Gott spricht, wenn der Koran rezitiert wird, sein Wort kann man genau genommen nicht lesen, man kann es nur hören."[43] Entsprechend ist im Islam nicht das Darstellen und Berühren, sondern das Hören im Mittelpunkt des liturgischen Vollzuges: Sein zentraler Kult ist „das Hören oder Aufsagen der göttlichen Rede, die *salat*, das täglich drei- bis fünfmalige Ritualgebet"[44]. Das Erleben der Nähe Gottes scheint im Islam durch die Begegnung mit seinem Wort vermittelt zu sein, so dass das Hören des Qur'an als sakramentale Handlung verstanden werden kann.

Nicht umsonst herrschte in der islamischen Welt – anders als im Judentum – lange ein mitunter heute noch zu beobachtendes Misstrauen gegen ausschließlich schriftliche Überlieferungen der Offenbarung. Letztlich war und ist es die von Generation zu Generation immer neu vermittelte mündliche Rezitation des Qur'an, die die Authentizität der Offenbarung verbirgt und sie neu erlebbar macht. Selbst die Mu'taziliten geben zu, dass Gott in der Rezitation so zu einem spricht wie zu Mose auf dem Berg Sinai und selbst die Gegner des *iğaz* nehmen den Qur'an als Literaturdenkmal sehr ernst – so wie auch von Nichtchristen Jesus wegen seiner Menschlichkeit bewundert wird. Die Rede vom *iğaz* ist zwar eine apologetische Theorie, die in Theologenstuben geboren wurde, aber erzeugt wurde sie von den Qur'an-Rezitatoren und ihren Zuhörern und entsprechend kann sie auch historisch-kritisch befragt werden.

Dabei ist zu bedenken, dass die besondere ästhetische Gegebenheitsweise der Offenbarung im Islam es nahezu unmöglich machen muss, den Qur'an zu übersetzen. So wie das Bekenntnis zu Jesus als dem Christus an die jüdische Tradition gebunden ist und ohne sie nicht verstanden werden kann, kann auch der Qur'an nicht ohne die arabische Sprache verstanden werden. Die Bedeutung der ästhetischen Dimension des Qur'an für die Glaubensverantwortung verdeutlicht im Übrigen die Vielzahl von Bekehrungsberichten der muslimischen Tradition, die von einer *Metanoia* durch das ästhetische Erleben des Wortes berichten.[45] Im Christentum ist mir keine Bekehrungsgeschichte bekannt, in der allein das (ästhetisch vermittelte) Hören des Wortes Gottes zur Konversion führt, während die muslimische Tradition voll von Berichten ist, die die Sprachgewalt des Offenbarungstextes illustrieren.

Die hier angedeutete ästhetisch perspektivierte Hermeneutik könnte man an dieser Stelle noch weiter ausführen und etwa – wie Enes Karić – die Schönheit der klassischen muslimischen Kultur als Kommentar zur qur'anischen Idee der Schönheit verstehen[46]. Man könnte die Erfüllung der Scharia als ästhetische Stilisierung des muslimischen Lebensvollzugs einsichtig machen. Und man könnte sogar den muslimisch-orthodoxen Verzicht auf eine Reflexion über das Wesen Gottes als ästhetisch begründete „Geste der Trennung" (Michel Foucault) begreifen, die die eigene Hingabe an Gottes Selbstzuwendung im Qur'an verdeutlicht.

9.4 Fazit

All das würde hier zu weit führen. Es kam mir nur darauf an, einen Interpretationsweg des Qur'an anzudeuten, der es erlaubt, seinen Unbedingtheitsanspruch so zu fassen, dass er den Rückfragen der Vernunft standhält und mir als Christ Bedeutsames zu sagen hat. Zugleich ging es mir darum, eine Verhältnisbestimmung von Offenbarung und Vernunft auf muslimischer Seite vorzustellen, die sich auf der Höhe der Zeit bewegt und die im Rahmen eines dialogisch-kommunikativen Offenbarungsverständnisses rekonstruierbar ist.

Sicher muss man zugeben, dass eine derartige Verteidigung des muslimischen Offenbarungsanspruchs in der muslimischen Welt zumindest derzeit wohl kaum eine Mehrheit finden kann. Es dominieren hier immer noch instruktionstheoretisch konfigurierte Modelle, die die Offenbarung als wörtliche Kundgabe des Willens Gottes verstehen und jede Form moderner Hermeneutik im Umgang mit dem Qur'an ablehnen. Wird der Qur'an in dieser Tradition als wortwörtliche unerschaffene Wahrheit verstanden, die inhaltlich an allen Stellen unfehlbar zutreffende und bedeutsame Sachverhalte darstellt und Handlungsanleitungen gibt, die genau so, wie sie im Qur'an stehen, auch heute zu befolgen sind, wird man ihr als Christ und als moderner Mensch entschieden widersprechen müssen.

Der hier vorgestellte Weg zur Rekonstruktion des muslimischen Offenbarungsanspruchs ist also nicht repräsentativ für den Islam und ist auch unter liberalen Muslimen umstritten. Nichtsdestotrotz zeigt er die Möglichkeit einer Konfigurierung des muslimischen Offenbarungsdenkens auf, die den scharfen Gegensatz zwischen Islam und Christentum abmildert und Christen ein offenes Verhältnis zum Islam erlaubt. Denn auch wenn man daran festhält, dass Gott sich in Jesus von Nazareth in unüberbietbarer, irreversibler, definitiver und normativer Weise den Menschen zugesagt hat, schließt das nicht aus, dass sich derselbe Gott an anderer Stelle in seiner Schönheit zeigt und durch seine Schönheit um die Liebe und Hingabe des Menschen wirbt. Und auch wenn Jesus Christus die einzige Mensch gewordene Gestalt des Logos Gottes ist, schließt das nicht aus, dass im Qur'an die Schönheit dieses Logos hörbare Wirklichkeit wird.

Für das Verhältnis zum Judentum ergibt sich an dieser Stelle noch eine weitere bedeutsame Konsequenz. So wie der jüdische Offenbarungsglaube sich an dem Sprachereignis der Tora festmacht, betont der Islam das Sprachereignis des Qur'an als göttliche Offenbarung, ohne deshalb den Offenbarungscharakter der Tora in Abrede zu stellen. Sieht man die Besonderheit des Qur'an in seiner ästhetischen Gestalt, könnte man auch aus jüdischer Sicht die Möglichkeit offenlassen, dass sich hier in anderer Gegebenheitsweise die Schönheit JHWHs den Menschen offenbare, um auch die Gojim (also die Nichtjuden) zum Gott Israels zu bekehren. In gleicher Weise könnte aus jüdischer Sicht die Möglichkeit anerkannt werden, in Jesus von Nazareth die personale Gestalt eben dieser Offenbarung zu sehen, der ebenfalls die Gojim zum Gott Israels führen will – eben in Anknüpfung an die jüdische Einsicht in den Beziehungscharakter der Offenbarung. Das Spezifikum der muslimischen Offenbarung (sei sie nun ästhetisch oder ethisch rekonstruiert) ist jedenfalls ebenso wie das Spezifikum der christlichen (die personale, Beziehung eröffnende Gestalt) im jüdischen Denken angelegt (siehe Kapitel 8). Der jüdische Offenbarungsglaube würde somit als Nährboden für Christentum und Islam verständlich, und eine Aussöhnung zwischen Islam und Christentum und eine gegenseitige Würdigung wäre leichter, wenn diese gemeinsame Wurzel im Dialog im Blick behalten würde.

<table>
<tr><td colspan="2" align="center">Prinzipien der Offenbarung im Judentum:
Sprache – Weisung – Vielfalt – Geschichte – Beziehung</td></tr>
<tr><td>Islam:
Ästhetische bzw. ethische
Rekonstruktion ausgehend
vom Qur'an</td><td>Christentum:
Personale Interpretation
ausgehend von Jesus von
Nazareth</td></tr>
</table>

Damit soll nicht behauptet werden, dass Christentum und Islam keine substanzielle Weiterentwicklung des Judentums darstellen. Es ist eben ein Unterschied, ob Gott mir durch den Klang seiner Stimme seine Schönheit erschließt und mich einlädt, meine Antwort auf diese Stimme ästhetisch zu stilisieren oder ob ich selbst diese Stimme zum Klingen bringen muss. Es ist auch ein Unterschied, ob ich im mitmenschlichen Du dem inkarnierten Gott begegne und so die Unbedingtheit der Liebe erfahre und in meinem Leben darstellen darf oder ob ich im Antlitz des Anderen das Wort und den Anspruch dieses Gottes als Ruf zur Verantwortung vernehme. Ich will in keiner Weise leugnen, dass hier bedeutsame Unterschiede liegen und dass es existenziell und intellektuell gute Gründe gibt, sich für eine bestimmte Gestalt der Offenbarung zu entscheiden.

Andererseits muss man allerdings zugeben, dass Judentum, Christentum und Islam in ihrem Offenbarungsglauben so sehr miteinander verwandt und aufeinander bezogen sind, dass man nicht so tun sollte, als sei es theologisch völlig ausgeschlossen, die Ansprüche dieser Religionen miteinander auszusöhnen. Diese Aussöhnung kann nur eben nicht ein für allemal geschehen, sondern muss je neu durch das Hineindenken in verschiedene Theologien erreicht werden. Sie kann nicht das Ziel haben, den Anspruch des Anderen als wahr und gleichberechtigt anzuerkennen, da man in der Wahl des eigenen Weges kaum die gleichberechtigte Wahrheit des Anderen anerkennen kann. Sie kann aber versuchen, den eigenen Offenbarungsanspruch so einsichtig zu machen, dass nicht durch die Konfession des Eigenen die Andersheit des Anderen abgewertet wird. Auf diese Weise lassen sich theologische Möglichkeiten der Aussöhnung und gegenseitigen Anerkennung rekonstruieren, die Gläubige der verschiedenen religiösen Traditionen dazu einladen können, diese Aussöhnung Wirklichkeit werden zu lassen.

Die in diesem Bändlein vorgelegte Rekonstruktion des christlichen Offenbarungsdenkens nimmt für sich in Anspruch, den Herausforderungen der Religionskritik und den kritischen Einsprüchen der Aufklärung begegnen zu können, indem Offenbarung in einem dialogisch-personalen Modell konsequent von dem Phänomen der Erschließungserfahrungen her gedeutet wird und so als Widerfahrnis verständlich wird, das sich auch dem Nichtglaubenden verständlich machen kann. Denn auch mit der methodisch autonomen Vernunft kann bei diesem Modell die Perspektive des Glaubens nachvollzogen und auf ihre Kohärenz und Konsistenz hin geprüft werden. Zugleich besteht der hier vorgelegte Ansatz darauf, den der Offenbarungsbehauptung zugrunde liegenden Begriff des Unbedingten autonom zu rekonstruieren, um so auch unabhängig von der eigenen Tradition ein Kriterium zur Prüfung von religiösen Geltungsansprüchen zu haben. Das Verhältnis Gottes zum Menschen wird gerade durch die hier vorausgesetzte Autonomie des Menschen als Freiheitsverhältnis sichtbar, in dem Gott in Wort und Geist um die Liebe des Menschen wirbt.

Bei aller Freiheit und Selbstbestimmung des Menschen in seiner Begegnung mit Gott bleibt er doch auf die Initiative und das Handeln Gottes verwiesen, um zu Recht von einer Offenbarung sprechen zu können. Diese Offenbarung findet ihren normativen Kern in Gottes Heilshandeln in Jesus von Nazareth, ohne sich in diesem Handeln erschöpfen zu müssen. Auf diese Weise kann das Zeugnis von der einen Offenbarung in der Selbstmitteilung Gottes in Christus immer auch im Blick auf mögliche andere Offenbarungen erfolgen, ohne dass hier a priori sicher wäre, wie das Verhältnis der unterschiedlichen Offenbarungsansprüche zueinander zu bestimmen ist.

Literatur

Aslan, Reza, Kein Gott außer Gott. Der Glaube der Muslime von Muhammad bis zur Gegenwart, Bonn 2006 *(brillant geschriebene und spannend zu lesende Einführung in den Islam).*

Körner, Felix (Hg.), Alter Text – neuer Kontext. Koranhermeneutik in der Türkei heute, Freiburg-Basel-Wien 2006 *(Textsammlung mit einigen zentralen Texten zur Qur'an-Hermeneutik der Ankaraner Schule).*

Anmerkungen

1 Gotthold Ephraim Lessing, Werke Bd. 8, München 1979, 490, § 4.
2 Ebd., 12.
3 David Hume, Untersuchung über den menschlichen Verstand, Hamburg 1964, 135f.
4 Immanuel Kant, Der Streit der Fakultäten. Akademie Textausgabe, Bd. VII, 1-116, hier 46.
5 Ludwig Feuerbach zit. n. K.-H. Weger (Hg.), Religionskritik (s. Lit.), 69-71.
6 Ludwig Feuerbach, Vorlesungen über das Wesen der Religion (gehalten 1848/49 in Heidelberg). In: Ders., Gesammelte Werke, Bd. 6, Berlin 1967, 30f.
7 Xenophanes von Kolophon zit. n. K.-H. Weger (Hg.), Religionskritik, 19.
8 Karl Marx zit. n. K.-H. Weger (Hg.), Religionskritik, 98f.
9 Friedrich Nietzsche, Die fröhliche Wissenschaft. In: Ders., Kritische Studienausgabe, Bd. 3, München [2]1988 (im Folgenden abgekürzt mit KSA), 574.
10 Friedrich Nietzsche, Götzendämmerung. In: KSA Bd. 6, 85.
11 Friedrich Nietzsche, Die fröhliche Wissenschaft. In: KSA Bd. 3, 626.
12 Friedrich Nietzsche, Also sprach Zarathustra. In: KSA Bd. 4, 36f.
13 Ebd., 102.
14 Friedrich Nietzsche, Morgenröthe. In: KSA Bd. 3, 125.
15 Friedrich Nietzsche, Die fröhliche Wissenschaft. In: KSA Bd. 3, 562.
16 Siegmund Freud zit. n. K.-H. Weger (Hg.), Religionskritik, 139f.
17 Ebd., 146.
18 Vgl. Sören Kierkegaard, Philosophische Brocken. Übers. u. hrsg. v. L. Richter, Hamburg 1992 (= Werke; 5), 27-33.
19 Ebd., 32.
20 Ebd., 32f.
21 Jürgen Werbick, Von Gott sprechen an der Grenze zum Verstummen, Münster 2004, 129.
22 S. Kierkegaard, a.a.O., 98.
23 Karl Barth, Das Wort Gottes als Aufgabe der Theologie. In: Karl-Josef Kuschel (Hg.), Lust an der Erkenntnis: Die Theologie des 20. Jahrhunderts. Ein Lesebuch, München 1994, 69-86, hier: 69.
24 Vgl. Sarvepalli Radhakrishnan, Weltanschauung der Hindu, Baden-Baden 1961, 42.
25 Vgl. nur Klaus von Stosch, Gott – Macht – Geschichte. Versuch einer theodizeesensiblen Rede von Gottes Handeln in der Welt, Freiburg 2006.
26 Klaus von Stosch, Glaubensverantwortung in doppelter Kontingenz. Untersuchungen zur Verortung fundamentaler Theologie nach Wittgenstein, Regensburg 2001 (ratio fidei; 7), 44-50.

[27] Jakob J. Petuchowski, Zur rabbinischen Interpretation des Offenbarungsglaubens. In: Peter Eicher u.a., Offenbarung im jüdischen und christlichen Glaubensverständnis, Freiburg-Basel-Wien 1981 (QD 92), 72-86, hier: 80.

[28] Gershom Scholem, Der Name Gottes und die Sprachtheorie der Kabbala. In: Ders., Judaica III, Frankfurt a.M. 1973, 7-70, hier: 47.

[29] bBaba Metsia 59b.

[30] Wolfhart Pannenberg, Dogmatische Thesen zur Lehre von der Offenbarung. In: Ders. u.a., Offenbarung als Geschichte, Göttingen [4]1970, 91-109, hier: 102f.

[31] Emmanuel Levinas, Ethik und Unendliches, Wien-Köln 1992, 68.

[32] Vgl. Emmanuel Levinas, Zwischen uns. Versuch über das Denken und den Anderen, München-Wien 1995, 140.

[33] Talmudstelle Erubin 13b zit. n. G. Scholem, a.a.O., 51.

[34] Felix Körner, Einleitung. In: Ders. (Hg.), Alter Text – neuer Kontext. Koranhermeneutik in der Türkei heute, Freiburg/Basel/Wien 2006, 11-14, hier: 12.

[35] Ömer Özsoy, Die Geschichtlichkeit der koranischen Rede und das Problem der ursprünglichen Bedeutung von geschichtlicher Rede. In: ebd., 78-98, hier: 86.

[36] Mehmet Paçaci, Der Koran und ich – wie geschichtlich sind wir? In: ebd., 32-69, hier: 67.

[37] Jörg van Ess, Theologie und Gesellschaft im 2. und 3. Jahrhundert Hidschra. Eine Geschichte des religiösen Denkens im frühen Islam. Bd. 4, Berlin-New York 1997, 443.

[38] Tilman Nagel, Geschichte der islamischen Theologie. Von Mohammed bis zur Gegenwart, München 1994, 150.

[39] Fazlur Rahman, Islam, Chicago-London 21979, 31 (eig. Übers.).

[40] Navid Kermani, Gott ist schön. Das ästhetische Erleben des Koran, München 1999, 23.

[41] Ebd., 25f.

[42] Vgl. ebd., 256.

[43] Ebd., 173.

[44] Ebd., 217.

[45] Vgl. ebd., 32f.

[46] Vgl. Enes Karić, Essays (on behalf) of Bosnia, Sarajevo 1999, 199.

Personenregister

Sachregister